MAGISTRATURA E ÉTICA

PERSPECTIVAS

José Renato Nalini (org.)

Ethevaldo Siqueira • José Nêumanne Pinto • Luiz Paulo Rouanet
Luiz Werneck Vianna • Oswaldo Giacoia Junior • Regis de Morais
Renato Janine Ribeiro • Ricardo Dip • Roberto Romano
Sandro Vaia • Sergio Paulo Rouanet • Willis Guerra Filho

MAGISTRATURA E ÉTICA

PERSPECTIVAS

editoracontexto

Montagem de capa e diagramação
Gustavo S. Vilas Boas

Preparação de textos
Lilian Aquino

Revisão
Tomoe Moroizumi

Dados Internacionais de Catalogação na Publicação (CIP)
(Câmara Brasileira do Livro, SP, Brasil)

Magistratura e ética : perspectivas /
José Renato Nalini (org.). – São Paulo : Contexto, 2013.

ISBN 978-85-7244-821-5

1. Direito – Filosofia 2. Ética jurídica I. Nalini, José Renato.

13-11571 CDU-340.12

Índice para catálogo sistemático:
1. Ética jurídica : Filosofia do direito 340.12

2013

EDITORA CONTEXTO
Diretor editorial: *Jaime Pinsky*

Rua Dr. José Elias, 520 – Alto da Lapa
05083-030 – São Paulo – SP
PABX: (11) 3832 5838
contexto@editoracontexto.com.br
www.editoracontexto.com.br

SUMÁRIO

APRESENTAÇÃO

José Renato Nalini

Os problemas éticos são imperativos universais a envolver toda a coletividade. Não há ação humana que seja insuscetível a essa apreciação valorativa, responsável por prescrições atitudinais no âmbito das condutas individuais e coletivas e pela imputação de consequências apreciáveis em esferas as mais diversas.

Historicamente, todavia, o mundo jurídico tende a encarar essas reflexões a partir de um prisma muito limitado. Ao invocar a autossuficiência do saber produzido nas academias de Direito, preconizada desde os bancos escolares, o bacharel, seja qual for o mister profissional para o qual se orienta, não vê necessidade de prosseguir para além dos comandos normativos emanados dos códigos de ética das inúmeras carreiras que compõem o labor da Justiça.

Essa é uma das falhas mais graves do ensino do Direito no Brasil. Ao engessarem o modo de produção de operadores das leis segundo a reiteração da tradição coimbrã, fundada por sua vez no exercício do magistério através de aulas em monocórdio que se repetem na leitura da legislação em vigor e da doutrina da moda, praticam os cursos jurídicos enorme desserviço à nação e ao aperfeiçoamento das instituições no Estado Democrático de Direito. Fecha-se a visão do estudante para a multiplicidade de vozes e visões emanadas de outras áreas do saber, imprescindíveis ao desenvolvimento de uma visão holística acerca dos componentes das controvérsias com as quais eles lidarão no futuro.

Afinal, o que importa é compreender as minúcias das técnicas processuais mais requintadas, para depois utilizá-las como instrumento para tornar os procedimentos judiciais verdadeiros "duelos de espertos", nos quais prevalecerá, no final, a habilidade de extrair o significado mais oportuno da vagueza linguística dos conceitos encerrados na produção normativa. Basta uma visita às livrarias para verificar a variedade de títulos à disposição de quem queira aprender os mecanismos do Direito em sua feição processual, e a exiguidade de obras de conteúdo propedêutico.

Tamanho o desprestígio que não é incomum as grades curriculares das faculdades de Direito se referirem às disciplinas dogmáticas como "saber dominante". Seriam as demais matérias "saber dominado"?

Então, qual a importância de se falar num olhar externo, baseado no problema da ética, para o juiz brasileiro?

O juiz é, antes de tudo, um ser humano e, em razão disso, limitado, imperfeito e falível. Não há divindade a recobrir sua figura, embora não se possa desconsiderar seu importante papel simbólico enquanto servidor público remunerado para operar o equipamento estatal denominado Justiça.

Formado com as mesmas vicissitudes dos demais bacharéis, o juiz, não raramente, ostenta a convicção de ser o detentor de todos os saberes necessários ao julgamento de uma ação. Em parte, ele não está equivocado, na medida em que se submeteu à verdadeira "corrida de obstáculos", cada vez mais difícil de superar, que são os concursos públicos destinados ao recrutamento de quadros para a magistratura. Contudo, os certames, muito eficientes para verificar se o candidato sabe todas as teses que envolvem o problema da "arribada forçada", não logram êxito total em verificar se o postulante é equilibrado, se está consciente de seu papel social e sua inserção no mundo, se cultiva valores como a alteridade e a humildade e, principalmente, se é capaz de enxergar seus defeitos e quais os esforços que precisa empreender para superá-los.

Então, com certa frequência, o candidato aprovado tem a certeza de que sabe tudo. Esse ponto de partida - falacioso em si - basta para que ele veja com desdém tudo o que é externo ao mundo do Direito. Mesmo os conteúdos derivados da deontologia lhe parecem mera perfumaria, reduzida a fórmula para exercício mnemônico destinado à aprovação nas provas dos concursos.

Diante disso, imperioso às mentes lúcidas envidar esforços para despertar no magistrado - do mais jovem ao mais experiente - o interesse por ampliar seus horizontes reflexivos, com especial ênfase na ética.

Eleito para a Corregedoria Geral da Justiça do Estado de São Paulo no biênio 2012-2013, pude contribuir, ainda que modestamente, para a consecução desse objetivo. Entendo que o papel precípuo da esfera correcional não é o de vigiar, oprimir e punir, mas sim o de representar verdadeiro órgão de orientação e planejamento, encarregado de encontrar soluções para os gargalos estruturais do Poder Judiciário.

Com essa meta, realizei, no dia 28 de setembro de 2012, com a alvissareira contribuição da Escola Paulista da Magistratura, dirigida magistralmente pelo desembargador Armando Sérgio Prado de Toledo, o I Seminário Ética para o Juiz: Um Olhar Externo. Naquele dia, luminares com as mais diversas formações dedicaram seu precioso tempo a debater temas relacionados à ética. Estavam presentes juízes de diversas comarcas do estado de São Paulo, e o recado dado na abertura do evento foi de meridiana clareza: a partir de então, eles seriam elementos multiplicadores dos saberes hauridos naquela data.

Como desdobramento dessa iniciativa, é com alegria que apresento à comunidade de leitores esta obra coletiva, que contém, além dos textos que fundaram as apresentações dos palestrantes, outros trabalhos, elaborados por pesquisadores preocupados com temas congêneres.

Os interessados poderão abeberar-se das ideias do jornalista Ethevaldo Siqueira, que se dedicou a explorar os problemas da Justiça e a propor soluções fundadas num melhor aproveitamento das novas tecnologias da informação e comunicação (TICs).

Regis de Morais se debruça habilidosamente sobre a compreensão da ética a partir de um time de primeira: Alceu Amoroso Lima, Michel Foucault, Kierkegaard, Emmanuel Lévinas, Felix Guattari, entre outros. O pano de fundo é a crise contemporânea, marcada pelo surgimento de um sujeito dotado do que Ferry, Foucault e Guattari denominam "síndrome de supercidadão".

José Nêumanne Pinto investigou a emergência da judicialização da política enquanto fenômeno associado à crise das instituições e dos poderes da República na contemporaneidade. Voz lúcida e respeitada, sua contribuição produzirá reflexão profícua.

Luiz Paulo Rouanet oferece trabalho cujo sugestivo título é "Por que devemos agir moralmente?". Questionamento que deveria ser feito diuturnamente por todos aqueles que optam pelo caminho de servir à Justiça, e que o autor desenvolve a partir da filosofia política, tendo como referenciais teóricos autores como Immanuel Kant, John Rawls, Jürgen Habermas e o papa Bento XVI.

Luiz Werneck Vianna produz elegante análise sobre as transformações verificadas na magistratura nas últimas décadas. Nesse contexto, reflete sobre tópicos da reforma do Judiciário e discute o papel do juiz na sociedade contemporânea, a enfatizar o lugar do Poder Judiciário no processo de reorganização estrutural das instituições a partir da Constituição Federal de 1988.

Oswaldo Giacoia, celebrado filósofo, explora os problemas éticos do juiz a partir das contribuições de dois autores que sacudiram o mundo moderno: Friedrich Nietzsche e Sigmund Freud. Discussão que o autor empreende com enorme erudição, ao discorrer sobre as categorias do pensamento de ambos os referenciais teóricos, responsáveis, entre outros, por derrubar as ideias de autossuficiência e consciência total que nortearam a Filosofia desde a Revolução Francesa.

Renato Janine Ribeiro, outro pesquisador renomado que contribuiu diretamente com o evento, dedicou seu espaço a debater os temas "ética" e "justiça" a partir da filosofia de Aristóteles e das análises de casos extraídos do cinema, para depois explorar as angústias e expectativas em torno do processo judicial.

Ricardo Dip, com a erudição que lhe é peculiar, trouxe, com grande elegância, texto que revela seus dons como literato. Não fugiu, porém, de salpicar a abordagem que ofereceu aos leitores com reflexões filosóficas, que tocam fundo na condição eminentemente humana do juiz.

Roberto Romano, em seu primoroso texto, aborda o "princípio da responsabilidade", a partir da filosofia platônica, da filosofia moderna e das propostas teóricas de Hans Jonas. Com esse pano de fundo, o autor discute as contradições da vida pública e política brasileiras e traz importante contribuição, na medida em que a noção de responsabilidade deriva de imperativos éticos.

Sandro Vaia, voz atilada e cortante, apresenta instigante análise sobre democracia e Poder Judiciário, ao indicar o hiato entre a visão leiga da opinião pública sobre a atuação judicial e o que de fato a norteia. Afirma, por isso, que aperfeiçoar a democracia exige maior entendimento popular dos papéis institucionais exercidos pelo Judiciário.

Sergio Paulo Rouanet, por sua vez, traz densa e oportuna discussão sobre temas que estão umbilicalmente ligados: ética e esfera pública. Afinal, é apenas no contexto das interações sociais operadas na esfera pública que se pode verificar o conteúdo ético das condutas humanas. Essa é a tarefa que se propõe a realizar o autor, segundo as categorias do pensamento de filósofos como Immanuel Kant e Hannah Arendt.

O jusfilósofo Willis Guerra Filho, em seu texto "Por uma ética sensível", oferece ampla abordagem sobre o conceito de ética e sua aplicação no contexto prático das relações humanas. Ao trazer cuidadosa retrospectiva dessa categoria filosófica, coadunada com as demandas atuais, o capítulo constitui indispensável acréscimo a este projeto editorial.

Como se vê, são contribuições imprescindíveis para despertar a inquietação e um permanente exame de consciência por parte dos juízes brasileiros. É isso o que se espera. Afinal, munidos de novos olhares, responsáveis pela ampliação de seus horizontes reflexivos, poderão os magistrados exercer sua função de maneira mais plena e mais condizente com as expectativas sociais em torno de sua função.

É necessário manter aceso o debate, porém. Isso é algo que depende de todos nós. Muitos dos partícipes do I Seminário já propõem a realização do II, missão que foi confiada ao magistrado Luiz Manuel Fonseca Pires. Mas todas as contribuições serão muito bem recebidas. Agora depende de nós. Mãos à obra!

JUÍZES E JUDICIÁRIO: TÓPICOS PARA UMA DISCUSSÃO

Luiz Werneck Vianna

1- Há cerca de vinte anos coordenei uma pesquisa, por encomenda da Associação dos Magistrados Brasileiros (AMB), em que foram entrevistados quase quatro mil magistrados e que resultou no livro *Corpo e alma da magistratura brasileira.*[1] Nesse trabalho, procurou-se atingir um duplo e ambicioso objetivo: traçar os perfis e as trajetórias de vida dos magistrados, de um lado, e, de outro, mapear o seu sistema de orientação quanto ao Estado, ao Poder Judiciário e às suas concepções sobre equidade.

Quanto a esse último aspecto daquela pesquisa, importa, agora, relembrar as circunstâncias da época em que o mundo e o Brasil experimentavam a voga das reformas neoliberais, muitas delas, na contramão de tradições e práticas da nossa cultura jurídica, fortemente assentada na prevalência do Estado sobre a sociedade civil. Tais reformas, que nasciam da iniciativa do Executivo, então francamente majoritário no Congresso, serão contestadas, sem maior sucesso, pela oposição, àquela altura sob a hegemonia do PT, que, além de recorrer às formas usuais das ações políticas no parlamento e fora dele, vai descobrir o Judiciário como uma nova arena para a ação política, em particular por meio das ADINS. Anote-se, de passagem, que tal inovação veio para ficar.

Nas palavras conclusivas daquela pesquisa, sustentou-se que o retrato ali produzido sobre a magistratura e as circunstâncias em que atuava, embora flagrasse uma tendência em favor do seu envolvimento com a chamada questão social brasileira, seria necessariamente impreciso na medida em que o retratado era surpreendido em meio a um vigoroso processo de mudança na sua identidade e na forma de inscrição da corporação na vida social. Aludia-se, então, à intensa juvenilização e à feminização da magistratura, movimento que era interpretado pela pesquisa como uma apropriação da profissão por parte dos estratos superiores das camadas médias, assim como às grandes transformações que a Carta de 88 introduzira – cujos efeitos começavam a serem conhecidos – no sentido de ampliar o papel do Judiciário na esfera pública, muito particularmente quanto ao controle da constitucionalidade das leis e à sua imersão no terreno de políticas públicas.

Cabe uma ligeira transcrição da argumentação com que aquele trabalho finalizava: "Não se está diante, portanto, de um personagem com identidade consolidada [...], e, sim, ante a uma corporação que vivencia uma transição no seu *corpus* e na sua função, no contexto inclusivo de outra transição, também em pleno curso: a do autoritarismo para a democracia política, o que requer do Judiciário, mais do que uma simples, embora necessária modernização, um movimento de democratização das suas estruturas, em especial, ampliando e agilizando as vias de acesso à Justiça, lugar social recém-descoberto pela multidão sem direitos como de aquisição de cidadania".[2]

Os anos da última década do século passado transcorrem, pois, em meio a essas mutações, em que o direito, seus procedimentos e instituições, sobretudo o juiz, passam a exercer novos papéis na vida social, provocados por uma sociedade demandante por direitos. As corporações da magistratura, à frente a Associação dos Magistrados Brasileiros, conhecem um momento fortemente expansivo, e um dos temas recorrentes na agenda dos seus encontros congressuais passa a ser o papel do juiz na mudança social.

Motivos concorrentes e críticas procedentes de diferentes origens – muitas delas com largo apoio na opinião pública, com base em denúncias de corrupção e morosidade do Judiciário – confluem para que, ao longo daqueles anos, tome corpo um movimento em favor da criação de uma agência nacional destinada a exercer controle sobre a magistratura, iniciativa vitoriosa, depois das controvérsias conhecidas, que culminou, em 2004, com a criação do Conselho Nacional de Justiça pela Emenda Constitucional 45. A partir daí, virou-se uma página na história da magistratura brasileira, uma instituição que se construiu na Federação sem conhecer um vértice que fosse identificado como lugar para sua autorreflexão.

Em *Corpo e alma* tinha se localizado o *mainstream* da corporação, em meio a outras tendências minoritárias, como orientado pelo desempenho do juiz singular em matérias afetas à mudança social. O protagonismo caberia a ele, e não ao Judiciário em geral. José Renato Nalini, em seu influente trabalho de 1994, *O juiz e o acesso à justiça*,[3] escrevendo em meio às intensas pressões para uma reforma do Judiciário, reagiu a elas sustentando que as reformas não deveriam depender tanto "das atribuições do Poder Judiciário", na forma da vocalização de tantos críticos. Para ele, seu herói não era a instituição, e sim o juiz, pois "transformar o mundo tem início na transformação da consciência individual", concluindo o argumento com a afirmação de que "é no mundo minúsculo em que atua cada julgador que pode começar a gigantesca revolução do verdadeiro acesso à Justiça".

Nas duas décadas transcorridas desde então, resta saber o que persiste daquele retrato. Decerto que com a criação do Conselho Nacional de Justiça registram-se avanços na racionalização e na modernização do Judiciário, mas o juiz, imprensado por planilhas e súmulas vinculantes, sujeito a múltiplos controles de sua "produtividade" – o termo é amargo –, vem perdendo sua aura. A demografia fez sua parte, os novos contingentes recrutados para a magistratura já são filhos da nova legislação – o juiz "singular" é mais uma peça do aparelho judiciário do que um personagem com luz própria.

Ele é cada vez mais assemelhado a um servidor público comum, sina de que se procura safar ingressando em cursos de pós-graduação que, em geral, não lhes servem em nada para o aprimoramento de suas atividades judicantes, e apenas contam pontos para futuras promoções ou para seu credenciamento em carreiras universitárias.

2- Extraído do proscênio, o lugar que começava a inventar para si passa a ser ocupado pelos tribunais superiores, em particular pelo Supremo Tribunal Federal (STF). Não só mudara o juiz. Mudaram ele, o Poder Judiciário e a sua circunstância. As primeiras décadas do século verão surgir um Judiciário envolvido em litigações provocadas por controvérsias constitucionais, em que os partidos políticos – e não só eles – se destacam como agentes da mobilização desse Poder. A princípio reticente em suas intervenções, como patente em suas primeiras interpretações sobre o uso do mandado de injunção e em tantos outros casos que lhes pareciam ameaçar uma percepção canônica do princípio da separação entre os Poderes, os tribunais superiores, o STF à frente, progressivamente – para o que não faltou respaldo social –, passam a incorporar os comandos constitucionais que destinavam o Poder Judiciário ao exercício de um papel ativo na concretização dos ideais que ela consagrara como próprios à civilização e à cultura política brasileiras.

Na verdade, por trás da novidade de um papel ativo do Judiciário não estava uma mutação na cultura do magistrado, tradicionalmente fiel às atitudes conservadoras da sua corporação, mas o legislador. Foi o constituinte quem destinou o Judiciário a ocupar lugar no cerne da trama política brasileira, convertendo-o em guardião de suas promessas em favor de uma sociedade justa e solidária. Tal operação, deve-se ser fortemente sublinhado, não poderia ser considerada exótica em uma sociedade que mobilizou, a partir de 1930, o Direito como instrumento a fim de modernizar o seu mercado de trabalho e o seu *mercado* político. Datam dos primeiros anos dessa década tanto a institucionalização da Justiça do Trabalho como a da Justiça Eleitoral, que, no curso do nosso longo processo de modernização, estabeleceram sólidas raízes no tecido social brasileiro.

Assim, se no Império os magistrados exerceram papéis estratégicos na construção da ordem no recém-criado Estado-nação, na clássica demonstração de José Murilo de Carvalho, vai caber a eles, na hora do trânsito para uma sociedade urbano-industrial de massas, funções centrais para a constituição de um mercado nacional de trabalho e na jurisdição sobre a competição política.

Decerto que os traços principais dessa presença do Direito e de suas instituições na história de nossa formação sociopolítica derivavam da desconfiança com que era avaliada a sociedade civil: no Império, como na chave de leitura do Visconde do Uruguai, por ser considerada imatura para a vida civil e naturalmente estranha aos ideais do *self government*; nessa condição, ela deveria ser objeto de uma ação pedagógica por parte do Estado a fim de internalizar as virtudes cívicas que lhe faltavam; na República dos anos 1930, o alvo da ação pedagógica estatal se concentra nos trabalhadores urbanos, que, identificados como suportes sociais do novo regime, passam a ser objeto da tutela estatal, seus sindicatos incorporados à malha corporativa e jurisdicionados pela Justiça do Trabalho e por uma complexa rede de aparatos criada para administrar a sua vida, dos salários à habitação e até ao lazer. Anote-se que, à época, o Ministério do Trabalho era oficialmente denominado como o Ministério da Revolução.

Diante dessa longa e entranhada tradição, a opção do legislador constituinte, ao invés de procurar erradicá-la pela raiz, foi a de preservá-la em alguns dos seus elementos, sobretudo na valorização da esfera pública, tal como nos vinha do nosso vetusto Direito Administrativo e do Direito do Trabalho. Essa opção não escondia o que era comum no diagnóstico do constituinte sobre a interpretação do país com o que nos vinha da nossa tradição republicana, qual seja a desconfiança de que o sistema da representação política não seria capaz, por si só, de levar à concretização os ideais e valores sociais que a Carta intentava consagrar.

Mas, tal preservação teria como contrapartida o expurgo da sua carga autoritária. A dimensão do público, democratizada, dever-se-ia abrir à participação da vida social sob a mediação de novos institutos, como o das ações de controle da constitucionalidade das leis, do mandado de injunção, das ações diretas de inconstitucionalidade por omissão e das ações civis públicas. Essa remodelagem se radicaliza com a mutação que se introduz no papel constitucional do Ministério Público com a incumbência de se pôr em defesa do sistema da ordem criado pela Carta.

Como escrevi em outra oportunidade, a estratégia do constituinte, inscrito no lugar difícil da transição do autoritarismo político para o da democracia política, teve como base uma interpretação do Brasil que o levou à decisão de não fazer *tábula rasa* da nossa história e das instituições criadas no seu curso, e, sim, a de *continuar-descontinuando*. Foi esse sábio movimento que lhe permitiu fazer obra de ruptura com a nossa tradição autoritária, facultando à sociedade o acesso aos institutos que criou a fim de torná-la participante do processo de concretização dos direitos que ela declarara.

O Poder Judiciário, na recriação da sua figura institucional pelo constituinte, a partir da sua presença concreta na história do país, deixa de ser o *tertius* à sombra dos demais Poderes, para se tornar o Terceiro Gigante de que fala a obra de Mauro Cappelletti. Tanto a democracia política quanto a democracia social tem ganhado com o novo protagonismo exercido pelo Judiciário: de um lado, pela imposição dos limites constitucionais à discrição do Executivo; de outro, pela ocupação do vazio deixado pelo Legislativo em matérias altamente sensíveis, que, em nome da adoção de padrões justos de convivência social, reclamam regulação, como nos casos da decisão do STF sobre as relações homoafetivas e sobre greves de servidores públicos – para citar apenas esses.

Esse protagonismo, contudo, para que relacionamento entre os Poderes não se torne conflitivo e se manifeste em favor de uma colaboração entre eles, há de *ser bem compreendido*, para usar uma categoria cara a Tocqueville, uma vez que na democracia não cabe lugar para um governo de juízes. A descoberta e a invenção dos caminhos da cooperação entre os Poderes, face à nova presença do Poder Judiciário na vida social, demandam a reflexão madura dos doutrinadores, particularmente da pesquisa universitária, em especial pela urgência com que essa questão de caráter ético-político se manifesta na atual cena da política brasileira.

3- Assim, se visto da perspectiva do Poder Judiciário, a agenda de temas a ser explorada diz respeito às relações com os demais Poderes, impondo a ela um viés inequivocamente político, do ângulo do juiz singular ela apresenta uma configuração distinta. Tal distinção deriva do modo com que a moderna sociedade de massas brasileira vem administrando o processo de democratização. Em detrimento de uma opção que procurasse a via do fortalecimento da vida associativa, o caminho adotado tem sido o de proceder a uma invasão generalizada da sociabilidade por parte do Direito, seus procedimentos e instituições a fim de proteger suas regiões mais vulneráveis. Assim com a criança e o adolescente, o idoso, o deficiente físico, o consumidor, o meio ambiente, os núcleos quilombolas, entre outras. Quase todos os aspectos da vida social, família, saúde, educação e seus respectivos conselhos tutelares, estão recobertos pela imensa, capilar e complexa trama institucional juridificada que resulta dessa invasão.

O operador-chave desse sistema é o juiz, presente, direta ou indiretamente, e de modo independente de suas convicções pessoais, no coração da questão social, compelido a exercer, frequentemente sem qualquer treinamento prévio, funções de terapeuta e de engenheiro social. Como se sabe, não é raro que dependa da sua caneta a decisão sobre a vida ou a morte de um cidadão, como no caso das internações médicas e no suprimento de remédios, particularmente nas doenças crônicas. Mais uma vez, é o legislador o autor dessa mutação – é ele quem juridifica e quem destina à judicialização a matéria do social.

Instala-se, com isso, uma ambiguidade quanto à própria compreensão da inscrição institucional do juiz, prisioneiro de uma situação que o percebe, mesmo que de modo encapuzado, em termos de um enquadramento intelectual de estilo positivista, ao mesmo tempo em que, na prática, exige dele, como personagem institucionalmente relevante na composição do social, uma orientação de estilo consequencialista.

Tal ambiguidade ainda se faz agravar pelo fato de que o seu agir, na qualidade de juiz, deve proceder de decisões solitárias, ao passo que, em boa parte, as questões que lhes são apresentadas reclamam, para uma intervenção judiciosa, a participação criativa de atores ativos nas redes da sociabilidade, que poderiam produzir decisões concertadas com ele. Vale registrar que nossos Juizados Especiais atuam insulados do seu entorno, quando nele poderiam exercer liderança quanto à importância dada aos valores da cidadania.

NOTAS

1 *Corpo e alma da magistratura brasileira*, Rio de Janeiro, Revan, 1997.

2 Idem, p. 322.

3 José Renato Nalini, *O juiz e o acesso à justiça*, São Paulo, Editora dos Tribunais, 1994, p. 52.

MAGISTRATURA: O QUE SIGNIFICA UM "OLHAR EXTERNO"?

José Renato Nalini

O Brasil oferece um quadro singular em relação à sua Justiça. Quase uma centena de milhões de processos judiciais encontram-se em curso em seus cinco Judiciários e suas quatro instâncias.[1] Excluída a infância, que em regra não litiga, chega-se a um quadro insólito: se em cada processo atuam pelo menos duas partes – e hoje é comum existirem ações com muitos titulares nos polos ativos ou passivos – poder-se-ia concluir que esta é uma *Nação de litigantes*. Haveria ao menos 180 milhões de brasileiros em litígio.

Isso não é verdade,[2] mas se fosse, a situação seria ainda mais preocupante. É sintoma de patologia social grave o fato de se necessitar da Justiça convencional para solucionar controvérsias que poderiam ser resolvidas mediante acerto de contas direto e informal entre os interessados. Enxergar o Judiciário como desaguadouro de todo e qualquer desconforto, mesmo os aparentemente insignificantes, pressupõe uma sociedade puerilizada a necessitar da tutela do aparato judicial para o encaminhamento de questões que melhor seriam resolvidas na mesa do diálogo.

Todavia, essa visão de tom pessimista não é a predominante em nosso meio.

Para uma boa parcela da seara jurídica, o fenômeno do excesso de demandas é sinal de que a democracia brasileira encontra-se florescente e em ritmo ascensional. Afinal, descobriu-se o acesso à Justiça e os tribunais estão disponíveis para atender a essa legião sempre crescente de injustiçados carentes do reconhecimento de seus direitos.

Só para uma esfera muito reduzida de seres pensantes, o panorama é angustiante e chega a ser aflitivo. O Poder Judiciário representa uma opção dispendiosa, demorada e ineficiente de resolução de conflitos. É urgente encarar outras fórmulas de responder às inquietudes humanas e de oferecer alento aos que se consideram lesados ou ameaçados em relação a seus interesses.

As "outras fórmulas" já existem. São as ADR (Alternative Dispute Resolutions) do sistema anglo-saxão. O pragmatismo ianque desenvolveu dezenas de estratégias para solucionar controvérsias que prescindem do Judiciário. São métodos alternativos, dispensam o ingresso em juízo, o enfrentamento das estiolantes questões procedimentais, do formalismo exacerbado e liberam os interessados de percorrer quatro instâncias com mais de cinquenta oportunidades de reapreciação do mesmo tema num único processo.

Ocorre que tais medidas ainda não conquistaram a sociedade, imersa numa cultura jurídica impregnada de inspiração adversarial. A formação dos profissionais do Direito continua a encarar o processo judicial como a única opção para quem alega ameaça ou lesão a um bem da vida. Não se vislumbra mudança de rumos na estrutura dos cursos jurídicos ou no teor dos conteúdos das disciplinas ministradas.

A experiência de quem leciona em faculdades de Direito é a de que o alunado quer aprender fórmulas para ingressar com processos e que a maior parte dos professores transmite uma crença de que o Judiciário é o único caminho para resolver os desentendimentos entre as pessoas.

Todavia, há um ator que poderia auxiliar a transformação do atual contexto. Esse ator é o juiz, o responsável pela apreciação das pretensões resistidas, o encarregado de prestar a jurisdição. Se ele vier a assumir uma consciência consistente a respeito da potencialidade de seu protagonismo transformador ele não só poderá responder com eficiência maior ao clamor emitido por seres humanos sequiosos de justiça, como estará a cumprir uma das promessas do constituinte. Aquela de edificar uma sociedade justa, fraterna e solidária e de implementar a verdadeira democracia participativa, com que acena o pacto fundante de 5 de outubro de 1988.

Esse juiz é ainda um projeto em construção.

O recrutamento dos quadros judiciais baseado na memorização de textos legais, doutrinários e jurisprudenciais conduz à seleção de um corpo técnico adequado, mas nem sempre afinado com as exigências éticas de um planeta envolto em problemas complexos. Dentre os desafios postos à humanidade neste início de século e de milênio, poderiam ser mencionados o

> caos climático, a atomização dos seres humanos pelo neoliberalismo econômico de modo que a ação ética e política e a espiritualidade engajada politicamente sejam postas de lado, [...] o consumismo consolidando-se cada vez mais de modo que a "escolha" seja a única coisa que parece importar, [...] uma perda do vocabulário da verdadeira virtude, do perdão, etc., em benefício do vocabulário egocêntrico de conseguir uma suposta calma psicológica, custe o que custar, um círculo vicioso de leis repressivas e mecanismos paranoicos de segurança que produzem respostas violentas ou conspiratórias que parecem "provar" a necessidade de uma repressão ainda maior...[3]

O Brasil tem situação até mais dramática, pois não desapareceu a miséria – material e educacional – e a inclusão cidadã se faz mediante concessão de benesses desvinculada de estímulo à efetiva recuperação da autoestima e da noção de se investir no próprio esforço.

O materialismo e o individualismo exacerbado conduzem a uma concepção utilitarista e superficial da existência. Não se reconhece o valor da virtude, nem se resgatam conceitos sepultos como os de ascese, sacrifício, solidariedade, patriotismo, fraternidade. Invoca-se a ética no discurso, mas dela se aparta na vida prática. Só a restauração do pensamento filosófico poderia oferecer algum resquício de esperança a uma nacionalidade envolta em descrença. Não se confia nas instituições, desestima-se a política, despreza-se a coisa pública, refúgio daqueles que não sabem distinguir o interesse público do privado.

Cabe à lucidez reagir. E

> a filosofia tem algo a oferecer nessa luta, na luta da humanidade por alcançar uma existência melhor e (acima de tudo) conservar essa existência, porque a Filosofia pode ser mais que a simples (e maravilhosa) autorreflexão crítica do espírito humano. Ela pode ser aplicada intrinsecamente. Pode ser uma parte orgânica da luta ética para salvar os seres humanos.[4]

Teríamos condição de edificar uma grande utopia? Foi a partir dessa perspectiva que se pensou em colher *um olhar externo* a respeito da atuação do juiz brasileiro. Tecnicamente preparado, especialista forçado, ante o volume de processos diuturnamente submetidos à sua apreciação, nem sempre é provido de senso de pertença a uma sociedade iníqua. Não se sente responsável pelas desigualdades, nem comprometido com a missão de implementar aquela pátria justa, fraterna e solidária delineada pelo formulador do pacto federativo.

Quanta vez se satisfaz com o exercício automático de um tecnicismo estéril, a proferir respostas meramente processuais a problemas reais. Pode até se sentir confortável em sua consciência profissional, pois "não é tutor de maiores e capazes". O raciocínio conservador tem uma explicação: se alguém contratou um advogado sem proficiência, não é culpa do juiz. Este, de qualquer forma, outorgou a prestação jurisdicional invocada. A lide foi resolvida. Só que de maneira epidérmica, periférica, sem se adentrar ao cerne do problema. O conflito continua ali, talvez até mais intensificado. Todavia, no raciocínio tecnicista, o juiz cumpriu com o seu dever institucional.

Falta à cultura jurídica debruçar-se em *quintais alheios*. Por que o Direito se isolou, desconsiderando a sociologia, a história, a antropologia, a psicologia, a economia e, sobretudo, a filosofia, da qual faz parte a ética? O descompasso foi detectado pelos mais lúcidos, mas ainda existe grande resistência em flexibilizar o fetiche da lei, em considerar o positivismo uma fase superada e aprender a dialogar com outras ciências. Esse reencontro é irreversível. Sabe-se disso há muito: "É evidente que não somos capazes de colocar todo o universo em um só destes esquemas. Isto nos obriga a pensar segundo um pluralismo intelectual".[5] O chamado pluralismo é um valor explicitado na ordem fundante instituída em 5 de outubro de 1988. E sob sua configuração jurídica, não é exercício estranho a quem já sabe levar a sério o princípio do contraditório. Daí a constatação de Bobbio: "Uma das formas mais interessantes nas quais se apresenta, na cultura contemporânea, a polêmica contra o Estado moderno é o pluralismo jurídico".[6] Após a longa e hermética hibernação na técnica, mostra-se urgente adentrar na seara filosófica. Impõe-se uma discussão racional das questões fundamentais de um fenômeno humano que se convencionou denominar *Direito*. Para penetrar na essência do Direito, é insuficiente uma perspectiva unilateral e reducionista. Se o mundo optou por levar aos tribunais a integralidade das questões que atormentam o ser humano, é preciso se impregnar de uma vontade eficiente para desvendar os mistérios jurídicos em sua plenitude. Daí a razão de Adorno:

> Quem hoje eleger por ofício o trabalho filosófico, há de renunciar desde o início à ilusão dos antigos: a de que seria possível abarcar a totalidade do real pela força do pensamento. Nenhuma razão legitimadora saberia se encontrar consigo mesma em uma realidade cuja ordem e configuração derrota qualquer pretensão da Razão; a quem busca conhecê-la, só se apresenta como realidade total enquanto objeto de polêmica, enquanto unicamente em vestígios e escombros perdura a esperança de que alguma vez chegue a ser uma realidade correta e justa.[7]

Os cortes históricos representam convenções que não garantem uma separação em cada fase do curso civilizacional, separado em mundo antigo, moderno e pós-moderno ou até mesmo *pós-humano*. O Brasil é nítido exemplo da impossibilidade de delimitação de fronteiras. Escancara-se aqui a indefinição, com vestígios ou sobrevivências de um período nos subsequentes. Convivem simultaneamente e no mesmo espaço físico ilhas pré-históricas, coloniais, medievais, modernas e pós-contemporâneas. A distinção a ser feita é que no mundo antigo a legitimação era transcendental, no mundo moderno era racional e hoje se fala em *racionalidade hermenêutica*. Tudo depende da interpretação do profissional do Direito.

Se o Direito é hoje *aquilo que os juízes dizem que o Direito é*, a essência humana do julgador passa a ser mais importante do que o conteúdo da lei. Pouco importa a literalidade do texto normativo, se tudo agora é suscetível de interpretação, se já não mais vigora o brocardo *in claris cessat interpretatio*. Passa a ser mais relevante sondar *o que se passa na mente do juiz* do que aquilo que teria pretendido dizer o legislador com sua regra.

O profissional do Direito em nossos dias é aquele que procura não naufragar, escolhendo o caminho entre possibilidades alternativas e essa busca só é possível mediante invocação de *boas razões*. Dworkin descobriu que "quanto mais aprendemos sobre o Direito, mais nos convencemos de que nada importante sobre ele é de todo indiscutível".[8] Em Direito, tudo é passível de rediscussão. O mesmo texto suscita várias ou até mesmo inúmeras leituras. Todas igualmente defensáveis, a depender da capacidade de argumentação. Por isso o processo se transmuta: de *ferramenta para fabricar justiça,* converte-se em *arena de astúcias*. Terreno das estratégias, da esperteza, do profissional ladino.

Tal concepção está longe de ser moderna. Pode ser encontrada no sermão de Hesíodo que, no século IX a.C., ao sofrer injusta repartição da herança que dividia com seu irmão, escreveu *Os trabalhos e os dias*, texto em que julga os julgadores. Pode-se considerá-lo a primeira jurisprudência anotada que a História registra.

Hesíodo salienta o antagonismo existente entre *justiça* e *violência*. Esta é própria dos animais, pois a lei que Zeus lhes reservou é "devorai-vos uns aos outros", ao passo que entre os homens deveria reinar a justiça. Todavia, o lado animal que prepondera no ser humano fá-lo perpetrar iniquidades e a se apartar da justiça. Chamados a decidir, os juízes seriam "devoradores de presentes", que subvertem a vontade da lei e produzem sentenças de acordo com sua vontade.

Leitura cruel da função do juiz. Não muito diferente daquela que ainda hoje fazem os insatisfeitos com a decisão ou contumazes críticos de toda atividade estatal.

O hermetismo da magistratura durante tantos séculos produziu uma cultura judicial anacrônica, mas ainda prevalecente. O juiz é um ser solitário, não deve trocar ideias sobre o julgamento, nem se aconselhar. É clássica a postura daquele *convidado de pedra*, que em nome da imparcialidade não se envolve no cerne da controvérsia, não se emociona com a lide, cultiva uma assepsia que o torna insensível, provido de uma couraça insuscetível a comprometimento emocional. *Texto e testa* são os seus ingredientes de trabalho. A lei e sua consciência.

Países do Primeiro Mundo, que se devotam a pesquisar a origem social de seus juízes, se preocupam com sua formação psicológica, tentam desenhar seus perfis e temperamentos, e já chegaram a sustentar que a magistratura é o refúgio preferido por aqueles seres humanos que não querem se mostrar. Basta adentrar a casamata consolidada, a blindagem constituída por uma armadura que sobrevive há séculos e cuja expectativa comportamental é bem conhecida: juiz não se mostra, não tem flancos, não é vulnerável e não se comunica.

Perfilhar tal concepção de magistratura propiciou o surgimento de uma categoria de nefelibatas, distanciados da realidade e cônscios de que integram uma categoria distinta em relação a todos os demais. A tanto contribui uma espécie de cânone informal, a recomendar ao integrante do Judiciário que seja discreto até à opacidade. Não tente ser criativo ou original. O anonimato seria a regra de ouro para essa espécie de juiz, que *só fala nos autos*, a enfatizar a versão clássica de que *juiz paulista não dá entrevista*. Mesmo lecionar, a única das atividades permitidas ao magistrado brasileiro, deve ser evitado. O contato com eventuais destinatários de sua jurisdição poderia contaminá-lo e reduzir a neutralidade que deve preponderar sobre quaisquer outros interesses exteriores à estrita concepção do que deva ser uma carreira.

Vozes dissonantes propuseram outro modelo para o juiz. Para elas, o julgador deveria ser alguém mais sensível às diferenças entre as pessoas, capaz de detectar iniquidades e de se converter em agente de transformação. Um profissional que se considerasse igualmente destinatário das promessas da Constituinte de 1988 de edificação da sempre mencionada pátria justa, fraterna e solidária. Projeto ambicioso e que não pode ser cometido exclusivamente aos detentores de parcelas do Poder Executivo ou de mandatos parlamentares.

Essa nova visão de juiz surgiu na doutrina estrangeira e conseguiu adeptos no Brasil. Um visionário como o saudoso ministro Sálvio de Figueiredo Teixeira tentou traduzir esse paradigma não só em obras que já se tornaram clássicas, mas no papel pioneiro exercido junto à implementação do ideal de *Escolas da Magistratura* em todo o país.

Mercê desse protagonismo começou-se a elaborar uma *Teoria de Recrutamento e de Educação Continuada de Juízes* nesta República. Alguns dos textos incidentes sobre o comportamento judicial refletem a tendência, às vezes de maneira tímida ou meramente implícita. Assim como o Código de Ética da Magistratura Nacional, editado pelo Conselho Nacional de Justiça (CNJ) e desprovido de sanção. O CNJ apenas *exorta* o juiz brasileiro a observá-lo.[9] Texto que convive com a LOMAN (Lei Orgânica da Magistratura Nacional), a Lei Complementar Federal nº 35, de 14.3.1979, editada sob a égide da Emenda Constitucional 7, de 13.4.1977, à época considerada *a camisa de força do juiz brasileiro*.

A judicialização de todos os conflitos ou situações de desconforto a eles análogas fez com que o juiz passasse a ser um personagem frequente em todas as mídias. A intensa exposição causou inicial perplexidade. Afinal, vive-se num Brasil dos bacharéis, onde uma frase muito repetida é *ordem judicial deve ser cumprida, não discutida*.

Convivem múltiplas leituras da situação presente. Não são todos os que se apercebem da profunda mutação dos tempos, a recordar o eterno fluir heraclitiano, sem a harmonia dos contrários. A cultura mais conservadora enxerga a magistratura como expressão da soberania estatal, que não pode ser cobrada. A sociedade, aparentemente, dessacralizou a Justiça e vê no magistrado um funcionário público de quem se deve exigir estrito cumprimento dos deveres estatutários.

Isso já aconteceu com o sacerdócio e também com a medicina. Não é surpresa que tenha chegado ao universo do Judiciário. As reações também variam. Não existe no Brasil o *juiz padrão*, nem o Judiciário sabe exatamente qual o modelo de juiz ideal para as necessidades brasileiras. Podem ser encontrados diversos exemplares na tipologia judicial. Alguns assumem a magistratura como emprego e a ela dedicam esforço consentâneo com o seu entusiasmo – ou com a falta de –, outros ainda a concebem como vocação e se empenham em corresponder às expectativas simbólicas.

É importante saber ouvir o que o público externo pensa do Judiciário e propiciar ao juiz o cotejo desse pensamento com a noção própria de serviço judicial. Mal não fará enfrentar a verdade: o melhor julgador do juiz é aquele que recebe as suas decisões e deve cumpri-las.

Nem todos são críticos ou céticos. Há muita gente que não deixou de acreditar no Judiciário. Num Brasil tão eticamente depauperado, de moral pública em frangalhos, ainda existe quem deposite na Justiça as derradeiras esperanças numa conversão do ser humano – de *lobo de sua própria espécie* – em fraterno e solidário convivente com o semelhante.

O magistrado deve saber ouvir e tem condições de fazer a sua escolha. Decorar mandamentos éticos não é o mais importante. Não transforma a insensibilidade em fervor. Não comove, nem emociona, pois se exauriu a capacidade de absorver retórica se esta não vier revestida de exemplos concretos. O mundo do Direito é o universo da palavra, das proclamações, dos propósitos, da tonelagem discursiva numa seara às vezes deserta de ações.

Não se modifica tal quadro com facilidade. É preciso enorme empenho para revolver uma cultura na qual a inércia é componente obrigatório. Toda novidade é suficiente para traumatizar. Todavia, iniciativa qual a de se abrir espaço e ouvido para a manifestação de atores desvinculados do cenário no qual se desenrola o drama judicial, que opinam na condição de atentos observadores da realidade, pode produzir um efeito saudável. Talvez contribuir para treinar os magistrados a uma postura quase inédita: abrir-se, de forma receptiva, ao que têm a dizer os destinatários de seus préstimos.

Não se diga que o juiz é um ser diferenciado, capaz de um equilibrado enfrentamento de seus desafios e que prescinda de ouvir o que tem a dizer o jurisdicionado. Todos temos a aprender com todos e a partir de tudo. Vive-se uma era instigante. As disciplinas estão "em via de dispersão".[10] Mudanças significativas ocorreram nas últimas décadas.

> Primeiro, foi o desmoronamento das ideologias e grandes paradigmas que tornavam coerentes os fatos e as coisas, ou, mais precisamente, que permitiam compreendê-los dentro de interpretações de conjunto e visões unificadoras. Depois, a ascensão do ceticismo e do relativismo, a crítica a toda pretensão à verdade e ao universalismo.[11]

Esse é um dos paradoxos do conhecimento: ele nunca foi tão acessível, nem padeceu de tanta falta de clareza. O que nos leva a uma postura humilde: a de reconhecer que a todos falta mergulhar contínua e profundamente no aprendizado que nos torne melhores. É a vocação humana por excelência: tornar-se cada dia menos imperfeito, a cada hora mais empenhado em remover obstáculos à obtenção da sapiência e a lapidar os talentos, para que eles sejam instrumento de dignificação própria e de cada semelhante.

NOTAS

1 O Brasil tem duas Justiças denominadas "comuns": a Federal e a Estadual; e três Justiças denominadas "especiais": Trabalhista, Militar e Eleitoral. E são quatro as instâncias ou graus de jurisdição: a primeira, exercida pelos juízes monocráticos, a segunda, pelos Tribunais de Justiça, Tribunais Regionais Federais, Tribunais Regionais do Trabalho e Tribunais Regionais Eleitorais, a terceira, pelo Superior Tribunal de Justiça, Tribunal Superior do Trabalho e Tribunal Superior Eleitoral e a quarta, atribuição da cúpula do Poder Judiciário, o Supremo Tribunal Federal. Não se contemplou especificamente a Justiça Militar, por sua reduzida dimensão no quadro pessoal do Poder Judiciário. Mas há quem diga que, na verdade, chegamos a seis instâncias. Pois hoje existe o CNJ – Conselho Nacional de Justiça, de cujas decisões se pode recorrer ao STF (Supremo Tribunal Federal).

2 Um grande volume desses processos é de execuções fiscais, ou seja, cobrança da dívida ativa do governo. A Administração Pública, sob suas diversas configurações – União, Estado-Membro, Município, suas autarquias, entidades estatais ou paraestatais, empresas públicas e Fundações Públicas – é a grande cliente do Poder Judiciário. Subtraída a parcela estatal dos litígios, ter-se-ia ideia aproximada do grau de litigância na República Federativa do Brasil.

3 Rupert Read, *Filosofia Aplicada: política e cultura no mundo contemporâneo*, São Paulo, Editora Rosari, 2009, p. 117.

4 Idem, p. 119.

5 Ilya Prigogine, *O fim das certezas*, trad. Roberto Leal Ferreira, São Paulo, Ed. Unesp, 1997, *passim*.

6 Norberto Bobbio, *A Era dos Direitos*, trad. Carlos Nelson Coutinho, Rio de Janeiro, Campus, 2004, *passim*.

7 Theodor W. Adorno, *A atualidade da filosofia*, disponível em: <http://adorno.planetaclix.pt/tadorno3.htm>. Acesso em: 5 ago. 2013.

8 Ronald Dworkin, *O Império da Justiça*, trad. Jefferson Luiz Camargo, São Paulo, Martins Fontes, 2003, p. 13.

9 Consultar José Renato Nalini, *Ética da Magistratura: comentários ao Código de Ética da Magistratura Nacional*, 3. ed., São Paulo, RT, 2012.

10 Françoise Waquet, *Os filhos de Sócrates: filiação intelectual e transmissão do saber do século XVII ao XXI*, Rio de Janeiro, Difel, 2010, p. 300.

11 Idem.

A JUSTIÇA DE MEUS SONHOS

Ethevaldo Siqueira

Como milhões de brasileiros, sonho com uma Justiça muito mais ágil, eficiente, transparente e ética para o Brasil. Mas, para que esse milagre venha a ocorrer, precisamos envolver toda a sociedade nessa luta e nesse propósito, além de muitos líderes dos Poderes Judiciário, Legislativo e Executivo.

Sempre desejei falar a magistrados e transmitir-lhes um pouco da percepção que o cidadão comum tem da Justiça e dar-lhes algumas sugestões fundamentais. Acho que todas as instituições deveriam abrir-se periodicamente ao diálogo com a sociedade.

Por tudo isso, não hesitei em aceitar o convite do desembargador Renato Nalini, corregedor geral da Justiça de São Paulo, para expor minhas ideias no evento que tem o sugestivo título de "Ética para o juiz: um olhar externo", na Escola da Magistratura de São Paulo. Um evento como esse pode ser a semente de uma grande transformação na Justiça de meu país.

Tenho conversado muito com amigos sobre esse tema, em especial, com o engenheiro Gilberto Garbi, do qual tomei emprestadas diversas ideias e observações e alguns casos exemplares que sintetizam os maiores problemas da Justiça brasileira. Como Quixotes do século XXI, Garbi e eu não temos a menor inibição em levar nossas críticas e sugestões a líderes e instituições respeitáveis.

OS PROBLEMAS DA JUSTIÇA

A Justiça brasileira é lenta e excessivamente burocratizada. Perante a lei, só o cidadão é obrigado a cumprir prazos. Será que um processo como o mensalão precisaria de sete anos para ser julgado? No combate à corrupção, muitas sentenças buscam apenas atender exclusivamente aos aspectos formais e não à ética. É incrível, mas mesmo diante de uma tonelada de evidências, os Tribunais Superiores acabam absolvendo réus famosos "por falta de provas" - como no caso de um ex-presidente cassado por corrupção.

Muitas decisões da Justiça se tornam, assim, conservadoras e imobilistas diante da dinâmica do mundo moderno. A morosidade dos julgamentos e as intermináveis procrastinações e apelações chegam às vezes a dar a impressão de que a instituição está mais interessada em permitir que o criminoso fuja do alcance do braço da lei. A maioria dos recursos parece visar, acima de tudo, à proteção do criminoso e não de suas vítimas.

As brechas da lei permitem com frequência ao assassino ou ao fraudador de maior poder econômico apostar com sucesso na impunidade. Uma das portas por onde escapam é a prescrição dos crimes, decorrente muitas vezes da sucessiva procrastinação.

A sucessão quase interminável de recursos faz com que assassinos confessos permaneçam livres desfrutando a vida enquanto os familiares das vítimas amargam indignação e revolta diante da impunidade. Outros, que dirigem embriagados e matam pedestres ou ciclistas, pagam com cestas básicas as vidas que ceifam.

Todos os dias, temos diante dos olhos exemplos chocantes dessa desproporção entre a brandura das penas e a gravidade dos crimes. E pior: o Estado mostra-se incapaz de executar as penas que, finalmente, são impostas pelo Judiciário.

Até quando teremos que enfrentar tudo isso?

OS QUATRO GRANDES DESAFIOS

Apresento aqui quatro pontos ou aspectos específicos:

1. A lentidão e a burocracia excessiva da Justiça. Só o cidadão tem que cumprir prazos.
2. A Justiça brasileira é excessivamente formalista, legalista e conservadora.
3. Sob muitos aspectos é imobilista, diante da dinâmica e das transformações do mundo moderno.
4. Proposta de reforma da Justiça brasileira, com a modernização de seu quadro de pessoal, de suas instalações físicas e infraestrutura com recursos de tecnologia digital, de processamento e transmissão de dados.

A TECNOLOGIA DIGITAL E A JUSTIÇA

A tecnologia digital pode dar significativa contribuição para o aprimoramento da Justiça. As dez principais alavancas tecnológicas da atualidade são:

1. *Microeletrônica* – que cria componentes cada vez menores, mais confiáveis, mais rápidos, que consomem menos energia, que duram mais e são mais baratos. Ou, resumindo, com três palavras em inglês: *smaller*, *faster*, *cheaper.*
2. *Computadores* – que se transformaram na mais importante ferramenta digital no processamento da informação e do conhecimento.
3. *Software* – tecnologia digital que nos permite armazenar inteligência ou processos inteligentes em pastilhas de silício ou chips.
4. *Internet* – a rede global mais complexa que promove a conexão entre bilhões de seres humanos.
5. *Satélites* – artefatos lançados ao espaço que permitem a comunicação global, navegação, localização e a pesquisa.

6. *Networking* – processo de integração de todas as redes.
7. *Fibras ópticas* – filamentos de vidro de elevada transparência que são percorridos por raios laser e que permitem a transmissão praticamente ilimitada de informações.
8. *Computação em nuvem* – (*Mass storage*) – Simplificadamente, é o conjunto de meios de armazenamento e processamento de informações praticamente ilimitado.
9. *Mobilidade* – a comunicação sem fio por meio de dispositivos pessoais (móveis), como celular, smartphones, tablets, notebooks etc.
10. *Convergência* – processo de sinergia entre três mundos: computação, telecomunicações, conteúdo.

Fonte : Don Tapscott

A TECNOLOGIA PODE, SIM, APRIMORAR A JUSTIÇA

De que modo a informatização da Justiça pode aprimorar seu desempenho? Com a utilização da maioria ou de todas essas alavancas tecnológicas.

Exemplifiquemos apenas a computação em nuvem. Como se sabe, podemos armazenar praticamente tudo na nuvem: informação, programas, aplicativos, cópias ou backups completos de bibliotecas digitais, de conteúdos educativos, arquivos pessoais ou mesmo nossa discoteca de CDs, DVDs e Blu-rays.

Além de nela armazenar tudo, dela também podemos baixar todos os tipos de conteúdos digitais: música, filmes, livros digitais, programas e aplicativos.

Diante desse potencial, perguntamos:

Por que não: orientação ao cidadão, ao advogado ou aos próprios juízes, sobre leis, normas, jurisprudência etc.?

É claro que, potencialmente, a nuvem oferece riscos à privacidade e à propriedade intelectual. Mas há sistemas de proteção que já nos dão alguma segurança e tranquilidade.

A Apple já abriga 150 milhões de clientes em sua nuvem, a *iCloud*. E, no mundo, as diversas nuvens já servem a mais de 1 bilhão de pessoas.

O poder da Nuvem

(*Cloud Computing*)

Mass Storage na NUVEM e em SSD

Tudo na nuvem – Para quantidades muito maiores de informação – **de centenas de Terabytes** – seja voz, dados, vídeo, milhões de imagens ou fotos digitais – podemos armazenar e resgatar tudo *nas diversas nuvens*, em *data centers* remotos.

Memórias flash – A capacidade de armazenamento de tablets, notebooks e PCs talvez não cresça além de **1 TB (terabyte)**, e passará de discos rígidos para **memórias flash**, ou seja, pastilhas de silício de apenas uma polegada quadrada, com a **tecnologia SSD (*solid state drive*)**.

NOVOS PARADIGMAS: O FOCO QUE MUDA

- Da competição para a colaboração;
- Do produtor para o consumidor;
- Da fidelização pelo preço para a fidelização pela satisfação;
- Do crescimento econômico, da riqueza e do consumo para a qualidade de vida; a busca da paz e da preservação da natureza e do planeta;
- Do governo e da empresa para o cidadão;
- Da burocracia para a agilidade do governo eletrônico, a Justiça informatizada, a nota fiscal eletrônica (NF-E), a urna eletrônica, o Imposto de renda (IR) via internet;
- Da repressão para a educação, a liberdade e a democracia.

Sete novos paradigmas

O foco que muda:

- Da **competição** para a **colaboração**;
- Do **produtor** para o **consumidor**;
- Da **fidelização pelo preço** para a **fidelização pela satisfação**;
- Do **crescimento econômico**, da **riqueza** e do **consumo** para a **qualidade de vida**; **a busca da paz e da preservação da natureza e do planeta**;
- Do **governo** e da **empresa** para o **cidadão**;
- Da **burocracia** para a **agilidade do governo eletrônico**, **a Justiça informatizada**, **a NF-E**, **a urna eletrônica**, **o IR via internet**;
- Da **repressão** para a **educação**, a **liberdade** e a **democracia**.

POR QUE APRIMORAR A JUSTIÇA?

- Porque o cidadão brasileiro tem sede e fome de Justiça. À medida que ganha consciência dos problemas da Justiça brasileira, ele indigna-se com o que vê diariamente ao seu redor e nos noticiários. E tem pouca esperança de que esse quadro – que perdura há séculos – venha a ser substancialmente alterado em sua geração.

- Como explicar a passividade da maioria do povo brasileiro diante desses problemas? Por que a massa de pessoas mais simples e de menor escolaridade não se manifesta sobre a questão?
- Minha resposta: Essa omissão de grande parcela da população diante do problema talvez seja devida ao desalento e à resignação a que foram levadas milhões de pessoas pelas sucessivas frustrações experimentadas ao longo da vida.
- Dois problemas revoltantes: A lentidão dos processos e os recursos sem fim. A morosidade dos julgamentos e as intermináveis procrastinações e apelações objetivando permitir que o criminoso fuja do alcance do braço da lei.
- Assassinos confessos permanecem livres desfrutando a vida enquanto os familiares das vítimas amargam a indignação e revolta diante da impunidade. Ex.: Caso Pimenta Neves, o jornalista, assassino confesso de sua namorada, que permaneceu onze anos em liberdade, após sua condenação, com todos os recursos protelatórios.

AS FALHAS DA LEI E A INEFICIÊNCIA DO ESTADO

- Há uma rotineira e revoltante desproporcionalidade entre a brandura das penas e a gravidade dos crimes. Assassinos embriagados ao volante pagam com cestas básicas as vidas que ceifam.
- Há incontáveis brechas nas leis que permitem aos criminosos de elevado poder econômico apostar com sucesso na impunidade. Uma delas é a prescrição, à qual se chega pela mencionada procrastinação.
- O Estado é muitas vezes incapaz de executar as penas finalmente impostas pelo Judiciário. Os líderes do crime organizado, muitos deles condenados por crimes de altíssima gravidade, comandam e orientam de dentro dos presídios suas gangues externas, sem que o Estado consiga sequer evitar que eles se

comuniquem. Por que esse problema dos presídios não ocorre nessas proporções em países desenvolvidos?

- Há uma verdadeira indústria de indenizações. São pagamentos milionários. Essa indústria opera ativamente em todo o território nacional, usualmente contra o Estado, custeada pelo cidadão trabalhador, mas também contra empresas. Enquanto essa indústria provoca o crescimento sem fim dos chamados precatórios, pessoas humildes envelhecem e morrem à espera de pagamentos de que necessitam para a própria subsistência.

CONCLUSÃO: QUE FAZER?

O aprimoramento da Justiça poderia ser alcançado em boa medida se o Brasil pudesse atuar basicamente em duas áreas:

- Aprimorar a estrutura do Poder Judiciário, nela incluído tudo o que diz respeito ao quadro de pessoal, instalações físicas, modernização tecnológica, envolvendo equipamentos e sistemas de processamento e transmissão de dados.
- Aprimorar e simplificar as leis e códigos vigentes no país.

PELA CIDADANIA E CONTRA A VASSALAGEM

José Nêumanne Pinto

Do Congresso Nacional vêm vozes em alvoroço denunciando a "judicialização" da política na democracia brasileira. Basta dar uma espiada no noticiário para perceber que a queixa tem razão de ser. A questão é saber se isso é bom, ou não, para a democracia. A princípio, não devia ser. Ao estilo americano do Estado Democrático de Direito, na definição de seus inventores, os chamados Pais Fundadores dos estados que se uniram para formar a joia mais preciosa da Coroa britânica e depois lhe deram um pontapé no traseiro, o segredo da estabilidade democrática é o equilíbrio dos *checks and balances*, controles e contrapesos. Do outro lado do Atlântico, um francês, também herdeiro das tradições de luta da Revolução que guilhotinou os reis, Montesquieu, teorizou sobre a autonomia e o equilíbrio entre os três Poderes da República ideal: um congresso de representantes da cidadania debatendo, votando e aprovando as normas de conduta; uma equipe, também escolhida pela sociedade, para executar a vontade do poulacho; e juízes togados que garantam a restrita execução de tais cânones. Legislativo, Executivo, Judiciário, cada um na sua. "Judicialização" da política significa no jargão parlamentar, juiz (o terceiro) metendo o bedelho na gestão do Estado, assunto do segundo, e, em vez de só julgar a legalidade das medidas, legislar, assunto do primeiro poder citado. A questão fundamental, contudo, não é a restrita obediência às regras, mas a garantia de que direitos de cidadãos serão preservados e seus deveres, cobrados. E isso ocorre quando o Judiciário não intervém?

Não se trata de adotar o velho brocado católico do "*Roma locuta, causa finita*" (o juiz bateu o martelo, fim de papo). Trata-se, isso sim, de garantir a paz, a ordem e a igualdade de direitos entre os cidadãos. Em 1988, os senhores congressistas se reuniram e ergueram os pilares do marco democrático da Constituição, dita cidadã pelo seu principal artífice, Ulysses Guimarães, presidente de tudo e avalista da transição da ditadura abrandada para a democracia escancarada. O documento definitivo, a chamada Carta Magna, deu aos funcionários públicos o direito de pararem de trabalhar para obter melhores salários e condições mais decentes de trabalho, em isonomia com os metalúrgicos das montadoras de automóveis e os estivadores dos cais. Desde então, passou meia dúzia de presidentes pelo trono republicano, dois dos quais em mandatos longevos, e nenhum se aventurou a desagradar os amanuenses da máquina pública para reforçar esse direito com a enunciação de limites e obrigações. Tamanha ficou a bagunça que o Supremo Tribunal Federal (STF) teve de descer das colinas romanas do Planalto Central para evitar que o Zé Mané da esquina continuasse sendo achincalhado pelo Barnabé do guichê, que não faz greves, mas goza de férias, de acordo com sensata definição do maior líder grevista da História e mais popular e hábil chefe de governo republicano, Luiz Inácio Lula da Silva. Será condenável esse tipo de "judicialização"? Duvidoso, não é mesmo? Mas, mesmo após o acórdão da Corte Suprema, nem o Executivo se dispôs a usar o poder de sua maioria acachapante nem o Congresso decidiu fazer valer a condição de que vive se arrogando de única representação popular autêntica e direta. A precária (apesar de suprema) decisão judiciária não foi até a tessitura dessas linhas substituída pela necessária lei que regulamente o direito, dando-lhe mais força.

Exemplo mais notório disso aí é o julgamento mais famoso e popularizado da História da mais alta instância do Judiciário – o chamado mensalão. Dentro da tradição do "herói da retirada", flagrado por Hans

Magnus Enzensberger e que ganhou o mundo no romance de Javier Cercas, *Anatomia de um instante*, o advogado e parlamentar Roberto Jefferson delatou a compra de apoio parlamentar com o emprego de dinheiro público ou de empresas contratadas pelo Estado. Apesar de denotar um dos mais graves defeitos do Judiciário, a lerdeza, pois o processo levou sete anos para ser levado a julgamento (já na metade do mandato da sucessora do presidente em cujo primeiro de dois mandatos o crime foi cometido), o processo se notabilizou pelo desmanche de uma das práticas mais nefandas de nossa democracia à brasileira: a prerrogativa que os políticos profissionais se arrogam de não fazerem parte do universo de cidadãos iguais perante a lei. Mandatários públicos do Executivo e do Judiciário (bem como dirigentes partidários) sempre partiram do pressuposto de que têm direito a delinquir, embora, como agentes do Estado, o neguem aos sem-mandato. Desse ponto de vista, sem querer aqui expor nenhum *parti pris*, o julgamento fez história, pois esclareceu que o principal álibi dos acusados – o de que praticaram crime contábil, negado a empresários, mas a eles permitido – não tem sentido ou nexo nem pode merecer perdão. A condenação de altos dirigentes do partido no poder federal ao longo de dez anos confirmou a inviolabilidade de um dos direitos fundamentais da cidadania nas democracias dignas de tal denominação: a igualdade de todos perante a lei.

No entanto, a "judicialização" da política, de que o Judiciário tem sido acusado pelos políticos dos dois outros Poderes da República, mormente nesse caso, tem fragilidades evidentes. A indicação dos membros dos tribunais por executivos de governos, embora eleitos pelo povo, comprometem a necessária imparcialidade do poder que julga. E não há no horizonte soluções perfeitas para a resolução deste impasse.

De outro lado, a cristalização de falsos direitos, como a liberação da delinquência aos autores das leis que a definem continua representando um risco, não apenas ao equilíbrio e à independência dos poderes, mas principalmente à garantia do respeito aos direitos do cidadão. O divórcio entre Nação e Estado sabota o exercício da democracia fortalecendo uma espécie de "neofeudalismo", no qual os representantes do povo e os escolhidos por este para exercerem o poder em seu nome e na defesa de seus interesses e direitos comportam-se como senhores de baraço e cutelo, tratando a patuleia na planície dentro das limitações da vassalagem.

Difícil é o papel do Judiciário, minado internamente pelos próprios defeitos (privilégios de classe, corrupção e lerdeza, principalmente), de assegurar ao homem comum o *status* de cidadão, e não de súdito. No panorama atual das instituições brasileiras, contudo, o que tem assegurado o mínimo de poder real à sociedade não representada no Parlamento e desrespeitada pelo Executivo é, muito mais do que a harmonia tida como ideal, a permanente tensão entre os Poderes. Só esta permitirá que os "heróis da retirada", na prática benigna da "ética da traição", tragam à baila novos processos que provoquem rachaduras no poder monolítico do Leviatã estatal pela garantia dos direitos inalienáveis dos cidadãos, sejam estes contribuintes ou não.

JUDICIÁRIO E DEMOCRACIA

Sandro Vaia

A magistratura, para os brasileiros das ruas, é alguma coisa que uma senhora muito valente chamada Eliana Calmon dessacralizou. Ou seria melhor dizer: alguma coisa que ela tentou ressacralizar, usando para isso expressões fortes como "bandidos togados" para qualificar alguns de seus companheiros de profissão.

Como corregedora do Conselho Nacional de Justiça, cargo que ela exerceu entre 2010 e 2012, criou tantas polêmicas e caiu tanto no gosto popular que agora estuda convites para entrar na vida política. Foi convidada por Eduardo Campos, governador de Pernambuco e futuro postulante à presidência da República, para se filiar ao Partido Socialista Brasileiro.

No imaginário do brasileiro médio a mensagem de Eliana Calmon ganhou tanto espaço porque ela criticou o corporativismo de sua própria classe, lancetou sem nenhuma misericórdia a corrupção dentro da magistratura e fixou uma imagem de valente e justiceira, bem ao gosto da cultura brasileira que se compraz em sempre estar à procura de heróis para refletir neles sua demanda por honradez e justiça.

(Um parêntese: o brasileiro é capaz de se estapear num bar em defesa da honestidade dos políticos e de uma Lei da Ficha Limpa, ao mesmo tempo que elege sem nenhum remorso políticos com antecedentes medonhos, como se a relação causa/efeito fosse apenas uma construção mental abstrata, sem nenhum parentesco com a vida real.)

No Brasil, as discussões racionais, argumentadas e serenas não dão muito ibope. Parece que a alma do brasileiro comum se formou na arquibancada dos estádios e qualquer questão onde caiba mais de um ponto de vista é encarada com paixão maniqueísta.

No imaginário popular – é bom lembrar que estamos falando aqui da magistratura como ela é percebida e não como ela realmente é –, os juízes são seres privilegiados, que recebem altos salários, que têm privilégios inimagináveis, que gozam de sessenta dias de férias, o dobro do que cabe às pessoas comuns, e que podem ser tão sujeitos ao achincalhe da desonestidade como os desprezados políticos.

Uma pesquisa recente patrocinada pela OAB mostrou que a confiança dos brasileiros na Justiça (39%) é miseravelmente – apenas 5 pontos – superior à última das instituições da escala – o Congresso Nacional, tida como uma fábrica de escândalos, que tem 34% da confiança popular.

Por isso, naquela incessante e geralmente inglória procura por seres providenciais, o brasileiro tende a fulanizar a figura do herói, o indivíduo que está acima das instituições e que se impõe a elas. Joaquim Barbosa, ministro do Supremo, por ter cumprido com o devido rigor técnico as suas atribuições de juiz, no caso do julgamento do mensalão, ganhou uma capa de Batman e virou máscara de Carnaval.

Infeliz do povo que precisa de heróis, dizia o dramaturgo alemão Bertolt Brecht, num rasgo de lucidez e racionalidade, mas qual é o povo que não corre atrás de um?

O Judiciário, que deveria ser uma instituição acima de qualquer suspeita, vive lancetada por ondas de suspeição, mesmo porque muito poucos são os ilustrados que conhecem bem as suas atribuições e responsabilidades, e há quem ache que cabe a ele fazer as leis e não executar as que o Legislativo elabora.

É muito difícil explicar para uma alma simples do povo como é que o goleiro Bruno, ex-jogador do Flamengo, suspeito de ter mandado assassinar a sua namorada, está preso desde o começo do processo, enquanto Gil Rugai, condenado por matar o pai e a madrasta, foi libertado logo depois do julgamento para poder recorrer em liberdade.

Obviamente, dois pesos e duas medidas. Não adianta argumentar com as sutilezas e as ambiguidades dos textos imperfeitos elaborados pelo Legislativo. O fato que fica é esse: há dois assassinos e um está preso e o outro está solto. Não é fácil explicar isso. Não é fácil entender isso.

Numa famosa entrevista à revista *Veja*, em agosto de 2011, a então corregedora Eliana Calmon disse:

> Durante anos ninguém tomou conta dos juízes, pouco se fiscalizou. A corrupção começa embaixo. Não é incomum um desembargador corrupto usar o juiz de primeira instância como escudo para as suas ações. Ele telefona para o juiz e lhe pede uma liminar, um habeas corpus ou uma sentença.
>
> Os juízes que se sujeitam a isso são candidatos naturais a futuras promoções. Os que se negam a fazer esse tipo de coisa, os corretos, ficam onde estão.

Há outras visões menos radicais do que as da dra. Eliana Calmon dentro da magistratura, que privilegiam uma visão menos "justiceira" e defendem menos punição e mais orientação na relação com os juízes.

Essa é, por exemplo, a visão do corregedor-geral da Justiça de São Paulo, José Renato Nalini. Numa entrevista ao Vade Mecum do prestigiado site Conjur (Consultor Jurídico), publicada em fevereiro de 2013, ele diz que a atuação da corregedoria deve prevenir os episódios que justificariam uma pena. E diz:

> O corregedor deveria ser aquele que fiscaliza a disciplina, o comportamento e a conduta privada e funcional de cada juiz.Em algumas situações, infelizmente, não é possível deixar de acionar os instrumentos punitivos, mas, em muitos casos, podemos evitá-los. Principalmente quando é levado em conta que o exercício da magistratura é angustiante. Se o juiz é sensível ele vai absorvendo um pouco do drama, da tragédia da tristeza de cada processo.

Nessa mesma entrevista, o corregedor Nalini deixa clara a sua inconformidade a respeito dos concursos públicos para o ingresso na magistratura.

> Desde a década de 80 eu sou um pouco rebelde em relação à formula que encontramos de fazer concurso. Ele prioriza a memorização, exigimos que o candidato decore um número imenso de leis, doutrinas, jurisprudências e descuidamos da formação humanística.

Nalini também reconhece que a mídia estimula certas atitudes do Judiciário e que na "sociedade do espetáculo" em que vivemos, a versão é mais importante que o fato.

Por mais que alguns magistrados se esforcem para colocar-se acima das dores e imperfeições humanas, ou tentem autoabsolver-se através do reconhecimento de sua falibilidade, a Justiça brasileira nunca passou por um processo de autopurificação como o que gerou o movimento das "mãos limpas" na Itália.

Magistrados conscientes procuram achar o caminho mais justo e mais correto percorrendo as trilhas penosas da autocrítica, que às vezes chega à beira do autoflagelo, mas parece estar muito longe ainda o dia em que no imaginário popular a instituição passe a ter o respeito que merece.

Sempre haverá um enorme hiato entre aquilo que é percebido pela opinião pública e aquilo que de fato as instituições são na sua essência. Diminuir essa distância, para a magistratura, é mais do que um programa de ação. É a tarefa mais grave e mais urgente para consolidar uma imagem de respeito e a admiração que fazem do Poder Judiciário um dos pilares do sistema democrático.

POR UMA ÉTICA SENSÍVEL

Willis Guerra Filho

O ser humano pode ser apresentado como aquele ser em que se desenvolveu um saber de si e do mundo, o qual vem lhe permitindo impor-se aos outros seres neste mundo. Falta-lhe, no entanto, um saber fundamental, de si e do mundo, sem o qual ele pode viver, mas pode não viver bem, assolado pelo mistério de sua existência.

As primeiras formas de saber, os saberes primevos, de caráter mágico ou mítico, assim como as religiões e a filosofia, se apresentam como tentativas de oferecerem aquele saber fundamental, e de fato se mostraram satisfatórios para muitos e durante muito tempo, o que não ocorre mais na atualidade, quando do bojo mesmo desses saberes resultou um "desencantamento do mundo", levado a termo principalmente pela ascensão das ciências (ou "tecnociências") à posição de saber fundamental, sem que estejam estruturalmente voltadas para sequer abordarem aquelas questões, mencionadas no início, que demandam outro tipo de saber fundamental. Considerando as religiões e a filosofia alternativas às (tecno)ciências, no que concerne o enfrentamento das questões fundamentais, tem-se que esta última estaria em melhores condições, visto que ela, sob certo aspecto, consiste precisamente em pôr questões que importunam, por serem incômodas e incomuns. As religiões se preocupam antes com as respostas do que com o questionamento, e suas respostas são cada vez mais insatisfatórias, quando deixam de ser obrigatórias, nas sociedades laicas em que vivemos. Por outro lado, a filosofia tem-se esquivado de perseguir a tarefa primordial a que foi destinada, desde sua origem, permanecendo circunscrita a uma tradição exegética institucionalizada em estabelecimentos de ensino, que tomam a própria filosofia como seu objeto de estudo, trabalho e, de certo modo, culto, evitando enfrentar aquelas questões que as ciências deixam de lado e as religiões respondem insatisfatoriamente.

Diante desse quadro, só nos resta propugnar pela superação da filosofia, assim como das religiões e das ciências, sem que com isso se pretenda ignorá-las, mas tão somente reconhecer que, pelo modo como estão organizados e estruturados esses saberes, não será deles que obteremos aquele saber fundamental necessário ao nosso viver humano, que é sempre um conviver - e hoje, igualmente, uma questão de sobrevivência, enquanto espécie, que, movida por um acúmulo cada vez maior de conhecimento voltado para a intervenção no mundo, sem aquele saber fundamental pelo qual teria uma medida para esta intervenção, termina pondo em risco a própria continuidade da vida no planeta, por não lhe dar o devido valor. Avanço mesmo a hipótese de que o modo como se desenvolveram, na sociedade ocidental – hoje mundial –, para gerá-la, religião, filosofia e ciência terminam sendo um dos fatores principais dos problemas causados por e nesta sociedade, donde não se poder esperar delas nenhuma solução.

Resta-nos, então, uma forma de saber artístico, criativo, envolvido com o sublime, embora ele também já esteja em grande parte a serviço, literalmente, da reprodução de nossa sociedade tal como se encontra organizada, e por seu modo de ser não se preste igualmente a um maior esclarecimento, mas antes ao divertimento. Dele, no entanto, precisamos pelo cultivo da sensibilidade e da criatividade, as quais, conjugadas à reflexividade das ciências e da filosofia, nos aguça aquela abertura para o mistério, que impulsiona o aparecimento e a necessidade permanente das religiões. Porém, o estatuto desse saber que nos falta é ético: é de uma ética que precisamos, para bem atuar, de acordo com suas pautas, no grande cenário da vida que nos é dada, criando-a, criando-se. Uma ética que não se confundiria com aquelas até agora já produzidas, seja de fato, pois os humanos sempre temos um padrão de conduta, determinado cultural, social e/ou psicologicamente, seja teoricamente, pelo trabalho de crítica da razão.

A ética, considerada desde a perspectiva clássica – e que ainda hoje aponta para uma de suas dimensões fundamentais – seria a disciplina que nos conduz à felicidade, ao indicar o Bem supremo, e em razão da grande divergência entre filósofos e pessoas em geral sobre o que seria esse Bem supremo, o pensamento moderno, especialmente com Kant, vai se caracterizar pela adoção de uma *ética formal*, independente dos bens que desejam as pessoas e do modo como os distribuem no Direito, na política, na economia etc. Já na perspectiva clássica, greco-romana e mesmo naquela teológica medieval, a ética é sempre uma *ética material*, associada a outros aspectos da vida, em sua dimensão social, especialmente àqueles de natureza política, donde a indissociabilidade entre o comportamento recomendado a cada um individualmente e o que de cada um se espera enquanto membro da comunidade política: o comportamento ético seria igualmente justo e, como se diz hoje, "politicamente correto" ou, em linguagem popular, por conhecer cada um o seu lugar.

Kant, culminando um desenvolvimento que se prenuncia na Baixa Idade Média, sobretudo na então já chamada "via moderna", com destaque para o formalismo de John Duns Scot e o voluntarismo de seu confrade franciscano Guilherme de Ockham, e que tem em Descartes, no primeiro aspecto, e em Hobbes, no segundo, seus antecessores já em plena modernidade, apresentará em sua "segunda Crítica", a Crítica da Razão Prática, o paradigma do formalismo ético, com repercussões também nos campos vizinhos da política e do Direito. Aqui os princípios orientadores da ação derivam de um imperativo categórico que requer obediência universal, caso queiramos instituir a autonomia da vontade e uma comunidade de homens livres. O caráter abstrato dessa concepção termina revelando-a inadequada para motivar ações e decisões concretas, em face da diversidade e singularidade de situações com as quais nos defrontamos. A palavra *ethos* em grego antigo, quando escrita com épsilon (έ), corresponderia ao latim *mores*, significando um conjunto de normas concernentes à conduta política e socialmente regrada por normas costumeiras. Já quando escrita com êta (ή) remeteria ao caráter, à natureza espontânea das pessoas, significando, literalmente, sua morada ou lar, onde nos sentimos à vontade, por corresponder ao que nos é próprio. O termo "moral", proveniente da tradução de Cícero do latim (de *mores*), costuma ser utilizado indistintamente como sinônimo do termo de origem grega "ética", sendo comumente considerado que ambos possuem o mesmo significado, enquanto alguns autores os diferenciam, atribuindo um sentido mais amplo e coletivo ao segundo, e mais restrito e individual ao primeiro. De certa maneira, resolve-se a divergência com a distinção clássica, devida a Hegel, entre *Moralität*, subjetiva, e *Sittlichkeit*, objetiva. Também se pode diferenciar "ética" e "moral" considerando esta última objeto de estudo da primeira, que seria um saber sobre o que é devido, cabendo à moral determinar o que é devido, tornando-se, assim, objeto de estudo da ética. Como essa "ciência do dever" assume um caráter igualmente normativo, a filosofia analítica contemporânea vai referir-se a uma "metaética", formada por proposições meramente descritivas, que toma a ética ou "as éticas" como objeto de um estudo em que o conhecimento efetivamente possa se dar, desvinculado de compromisso com o aspecto prescritivo, apesar de estar lidando com a esfera do dever ser.

Na modernidade, com Kant, os princípios orientadores da ação derivam de um imperativo categórico pelo qual optamos de "livre e espontânea vontade", e por isso requer obediência universal, para assim instituir a autonomia da vontade e uma comunidade de homens livres. O caráter abstrato dessa concepção termina revelando-a inadequada para motivar ações e decisões concretas, em face da diversidade e singularidade de situações com as quais nos defrontamos atualmente. É assim que hoje nos defrontamos com uma ética dita "pós-convencional", que recupera elementos da antiga ética material, fazendo convergir, por exemplo, a ética e a política em uma teoria da justiça, como em Rawls, em que se propugna mais um procedimento para se atingir soluções eticamente justificáveis para os problemas, do que princípios com base nos quais se possa deduzir tais soluções, ou ainda regras preestabelecidas em que já se oferecem tais respostas. Essa é a ideia que anima, igualmente, a chamada "ética do discurso", associada a nomes como Karl-Otto Apel e Jürgen Habermas.

Facilmente se percebe, porém, que a ética, ou seja, o saber o que devemos fazer, depende fundamentalmente da resposta de outra questão, à qual oferecem respostas as religiões, sobre o que podemos esperar do desfecho da vida. Dito de outra forma: a definição do modo como devemos nos comportar nessa vida depende da concepção que temos de seus limites – da morte, portanto. Ocorre que em ética, ou nas éticas em geral, já se dá aquela questão por resolvida, associando-se a vida ao bem e a morte ao mal, pois ser é que é bom e não ser, ruim. A tais éticas, afirmativas, porém, pode-se contrapor outro tipo de ética, negativa, que ao evitar uma valoração positiva prévia do que é, em detrimento do que não é, pode tornar melhor vivida a vida de um ser, como nós, que a rigor não *somos* – no sentido em que só um ser como Deus pode ser, ser o próprio ser –, mas apenas existimos, ocasionalmente. Daí ter Alain Badiou afirmado que a ética é niilista, por se basear na convicção de que "a única coisa que pode verdadeiramente acontecer ao homem é a morte", o que a remete à inefabilidade do que é totalmente diverso, denominação ética de Deus, instância decisória da morte, onde se gera o mal: ética, "nome último do religioso como tal".

Somos uma ilusão de ser, pois apenas estamos, existimos, não somos realmente, já que ser é ser para sempre. Se somos, somos nada. É esse nada, esse vazio interior, que nos horroriza, por mais que o evitemos, quando com ele nos deparamos, ao pensarmos com radicalidade nossa existência e verificamos o que somos: não ser, mera existência. Nesse momento, como registrou em seus *Pensamentos* Blaise Pascal, as pessoas percebem "seu nada, seu abandono, sua insuficiência, sua dependência, sua impotência, seu vazio", não sendo seu intuito outro senão "conhecer o meu nada".

Se a ética se ocupa da determinação do que é bom e do que é mal na vida, já dando como resolvida a questão do bem de viver e da própria necessidade da ética, ela está colaborando para dificultar a vida do ser moral que somos nós, em vez de nos ajudar, pois se a vida é que é o bem e a morte é o mal, tudo o mais só pode ser mal, já que vamos morrer – o que, a rigor, pode acontecer a qualquer momento e, na verdade, estamos morrendo a cada dia, a cada segundo, enquanto vivemos. Então, seria preferível não termos ética: a ética deve ser negativa, por ser afirmativa do impossível, isto é, o dever de viver, o nosso bem maior.

Tudo o que fazemos, especialmente o que nos dá prazer – desde as coisas mais simples, como comer e fazer amor, conversar e fazer amigos, até as mais sofisticadas, como a arte e a ciência, passando por aquelas em geral condenáveis moralmente, como a busca da glória, do poder, do dinheiro, drogar-se, cometer crimes –, não passam de tentativas vãs de ocultarmos de nós mesmos nossa falta de ser, preencher ou ornamentar o vazio fundamental que somos nós: eis o mal radical. A ética nos força a optar pelo ser, quando não somos – ou somos não ser – e, com isso, nos leva a sofrer ainda mais do que sofreríamos se não tivéssemos ética nenhuma.

O sofrimento de existir é considerado melhor do que o nada de não existir. Será que é mesmo? Mas se existindo já somos esse nada? O fato intransponível que a todo custo a ética tenta escamotear, por não assumi-lo com todas as suas consequências, *é que nós não existimos sempre nem existiremos para sempre*. Como disse o Pe. Antônio Vieira, em sermão célebre, só podemos ser pó (nada) por sermos algo que se dá entre o pó de onde viemos e o pó ao qual retornaremos. Por que este que nos parece o estado normal, o de não existência, que é o estado de ser e, logo, do ser supremo, é o estado considerado excepcional e associado ao mal? Em ética, o bem não é a regra e o mal, a exceção? Estar vivo não é uma exceção? Então por que essa consideração *a priori* de que estar vivo é que é bom e não estar vivo, mau? Sofremos nessa vida e, em grande parte por isso mesmo, também fazemos outros sofrerem, quando poderíamos muito bem usufruí-la, sofrer menos, pois ela será tanto melhor se não lhe adicionarmos o sofrimento extra de buscar um modo de ser, de obediência rígida a regras universais e eternamente válidas, que pressupõe um estado de ser que nunca alcançaremos em vida, mas apenas, possivelmente, após a morte.

O tipo de discurso que se há então de desenvolver, para dar conta da ética sensível (à situação de fragilidade e insegurança do ser humano ante a consciência de sua finitude e contingência), o consideremos, em um sentido amplo, um *discurso ficcional*, poético, ou melhor, *poiético* (do grego *poiésis*, "fazer", "produzir"). É um discurso que *põe* uma verdade, em circunstâncias, onde se fez uma questão, do que seria resolvida sem maiores discussões pelos padrões éticos já estabelecidos, inclusive no direito. Essa verdade ocorrerá para os que compartilharem deste discurso, visto que ela só existe nele, é uma "*verdade de discurso*", e o discurso depende de quem discorra para existir. A aceitação de tal verdade vai depender da sua boa construção no discurso, de sua verossimilhança – dela não se pode dizer, como se diz em um contexto propriamente científico, ou mesmo filosófico, que é falsa, mas que não convence ou não agrada, pois seu registro antes de ser epistemológico, é estético e lúdico. Nosso objetivo terá sido alcançado se ao final, mesmo os mais céticos, puderem dizer a respeito algo como o famoso dito italiano: *se non è vero, è bene trovato*.

Um discurso dessa natureza há de ser, necessariamente, bem mais livre e criativo que os discursos filosóficos e científicos, em geral – para não falar daqueles religiosos e, mesmo, aqueles estritamente literários. Aqui não temos compromissos com nenhuma tradição, com dogmas, teoremas, axiomas, doutrinas, figuras ou personagens, pois queremos fazer a experiência do pensamento da origem, da raiz, o pensamento original, radical. Isso não quer de modo algum significar que iremos apelar para uma espécie de fabulação, para a invencionice. O discurso, para ser verossímil e persuasivo, para nos agradar, deve ser construído tomando elementos da realidade, do que compartilhamos de mais elementar, completando-os e, por assim dizer, cimentando-os com a argamassa de nossos sonhos, nossos desejos de saber. "Tampouco isto foi descoberto pela razão", podemos dizer com Kierkegaard, que escreveu em suas "Migalhas Filosóficas": "posto que esta fala pela boca do paradoxo se diz a si mesma: as comédias, as novelas e as mentiras têm de ser verossímeis [...]" – caso se queira que elas atinjam seus objetivos. Daí podermos esperar do que se segue um discurso puramente imaginativo, criado para reagir, com a necessária sensibilidade, por aberto a ouvir e levinasianamente ver os sujeitos envolvidos em um conflito ético, entendendo tal conflito como algo a ser antes de mais nada muito bem compreendido, em suas peculiaridades, para não apresentar uma solução produzida como que automaticamente por algum sistema de regras preestabelecidas.

ÉTICA PARA O JUIZ: ENTRE A POESIA E A INVESTIGAÇÃO

Renato Janine Ribeiro

Em 1971, Dino Risi dirigiu o filme *Em nome do povo italiano*,[1] que passou pouco tempo depois em nosso país. Um juiz de instrução recebe o dossiê de uma jovem que talvez tenha se suicidado, talvez tenha sido assassinada. Ele está revoltado com a corrupção dos meios políticos por empresários sem escrúpulos e, ao instruir o caso, percebe que a moça trabalhava como garota de programa justamente para esse tipo de homens de negócios. À medida que investiga, acumulam-se indicações de que o maior corrupto da região tenha sido responsável pelo assassínio da moça. Quando ele já conta com todos os elementos que culpam o suspeito, o juiz recebe um caderno escolar da moça. Enquanto caminha por bairros degradados, lê e descobre que era um diário, no qual contava de sua depressão, falava em morte, em suicídio. Ele destrói o diário.

Creio que neste caso temos um sério problema ético para a profissão jurídica. Por um lado, o juiz – e *mutatis mutandis* isso valeria para o advogado ou o promotor – tem elementos sérios para afirmar que alguém é culpado. Por outro, a documentação de que ele dispõe não o capacita a condenar a pessoa sem séria infração à lei. Note-se que, no caso, o juiz tem certeza da culpa do empreiteiro em casos de corrupção, mas só pode pegá-lo graças ao possível assassinato da moça. Do ponto de vista de uma justiça genérica, condenando-o no caso em que dispõe de provas ele fará justiça também no caso em que não dispõe de provas. Ou, dizendo de outro modo: num caso, o empreiteiro é culpado, mas não há provas e ele não pode ser condenado; no outro, é inocente, mas há elementos suficientes para levá-lo a juízo e, certamente, condená-lo. O que é ético fazer?

Passemos a um segundo caso, o do jornalista polonês Ryszard Kapuściński, um dos maiores de sua profissão no século que passou. Conhecendo como poucos a África, embrenhando-se nos confins do mundo, ele produziu obras-primas sobre o continente negro, a guerra do futebol entre Honduras e El Salvador, o xá da Pérsia e o Negus da Etiópia. Contudo, seu biógrafo, o polonês Artur Domosławski, mostrou numa obra publicada em 2010 que Kapuściński inventara datas, dados, personagens. Nem sempre, mas em número razoável de casos. Dissera ter assistido a eventos que ele não podia ter visto. Na maior parte dos casos inventados, parece que ele apenas se disse testemunha ocular de acontecimentos que de fato ocorreram, mas na verdade sem sua presença, ou atribuiu informações de resto verídicas, só que a pessoas que não foram os seus informantes.[2] Evidentemente, o assunto despertou polêmica. No *Observatório da Imprensa*,[3] sua obra foi questionada por faltar-lhe elementos éticos básicos da profissão. O principal ponto que se pode alegar em seu favor foi que, em seu tempo, tais requisitos não estavam sedimentados como, supõe-se, hoje estariam.

Passo a um terceiro ponto para reflexão. Escrevi há tempos sobre o modo como surge a exigência de veracidade histórica.[4] Os escritores dos séculos XVI e XVII, quando contam histórias, não são movidos pela preocupação de estabelecer a verdade factual. O que parece contar para eles é, sobretudo, a "moral da história", a lição para a humanidade que se extrai de um acontecimento que pode ou não ter ocorrido, mas que nos ensina algo fundamental sobre nós. Daí que pouco importa se a história da qual se retira a moral é verdadeira ou fictícia, se é história ou estória. Daí que um mesmo autor – como Pierre Bayle – possa proferir dois discursos sobre o rei Gustavo Vasa, um deles em que retrata fielmente o que sucedeu, outro em que deliberadamente o altera. No relato fiel, ele não pretende tirar lições para a humanidade, essa é a diferença. Daí, também, que o padre Garasse, jesuíta, possa em 1622 atacar, irritado, o historiador-magistrado Etienne Pasquier, por considerar impertinente a cobrança que este fazia em termos de veracidade factual (são justamente os historiadores-juízes que adotam, nesse período, critérios da prova mais exigentes e que se aproximam do que se tornará norma para a história a partir do século XVIII):

> Quando narrardes alguma história importante referida por Moisés, Xenofonte, César, Tucídides, Paulo Emílio, um impertinente vos dirá friamente: *Isso é errado, estais enganado, não pode ser como afirmais, vi um documento que afirma o contrário*. Um impertinente, quando disserdes que vistes certa coisa em Plínio, vos interromperá, perguntando: *Já estivestes lá? Pois eu estive; e posso falar como testemunha ocular, trata-se de uma cidade belíssima.*[5]

O que temos em comum nesses três casos, o do filme italiano, o do jornalista polonês, o da polêmica sobre a história na França da Renascença e depois? Todos remetem, cada um a seu modo, à distinção que faz Aristóteles entre poesia e história:

> A poesia é mais filosófica e séria do que a história, pois ela refere principalmente o universal e esta última, o particular. Por "referir o universal" entendo eu atribuir a um indivíduo de determinada natureza pensamentos e ações que, por liame de necessidade e verossimilhança, convêm a tal natureza.[6]

No caso de Kapuściński, ao inventar uma *story*, como se diria em inglês – uma reportagem, dizemos nós em português – ele está se valendo da liberdade que tem o que chamamos de estória ou história, ou seja, ele está priorizando a narrativa sobre a fidelidade aos fatos. A reportagem reporta, relata, registra, ou seja, deve representar fielmente o que aconteceu; já a *story* pode ser ficção – mas também pode ser o texto que o jornalista entrega à publicação. Contudo, o que deve ter movido Kapuściński há de ter sido a ideia de que, assim procedendo, ele se mostrava fiel a uma verdade mais profunda do que a mera superfície dos acontecimentos. "O que de fato aconteceu", para usarmos o termo de Ranke, pode ser de pouca valia se comparado à verdade mais profunda, que examina um processo histórico. Nesse caso, o jornalista não terá cometido pecado. Melhor dizendo, até: de um ponto de vista estrito e restrito, que é o dos códigos de ética das empresas (que mais ou menos substituiu os códigos dos profissionais ou dos sindicatos), ele terá falhado, mais que isso, terá cometido falta grave; mas, se olharmos as coisas de um ponto de vista mais sofisticado, que é por exemplo o das teorias da narrativa ou literárias das últimas décadas, nada permite dizer que o recorte "factual" ou "testemunhal" presente na boa reportagem segundo o manual de redação seja mais autêntico do que a construção semificcional promovida por Kapuściński. Isso porque, quando seleciono o que vai constar de minha matéria, já efetuo um recorte que impede, no fundo, toda e qualquer reportagem de ser mais do que uma estória, ou de ser um retrato, ou de ser autêntico relato dos fatos. Posso, por exemplo, narrar algo que tenha realmente acontecido – digamos, um senhor de escravos brasileiro no século XIX que fosse melhor do que um pai para os seus cativos – e no entanto, ao fazer isso, estarei mentindo, porque esse caso, conquanto verídico, terá sido excepcional e ao narrá-lo, sem contar episódios provavelmente muito mais numerosos de violência senhorial, sem dizer que meu caso constituía flagrante exceção, estarei mentindo sem proferir nenhuma mentira. Ou então poderei inventar um episódio de maus tratos que não terá de fato ocorrido, mas que possivelmente representará melhor o que foi o cativeiro do que a história cor de rosa acima indicada. Também por isso, a discussão das histórias escritas no século XVI, embora a preocupação com a verdade dos fatos de algum modo prenuncie a historiografia mais moderna, opõe dois fazeres históricos igualmente legítimos. Por um lado, queremos uma sustentação na verdade. Mas, por outro, não aceitamos que a verdade esteja apenas em um ou outro episódio que de fato aconteceu, fazendo a árvore mascarar a floresta, ou a árvore que sobreviveu à queimada fazer as vezes de floresta.

Finalmente, é isso o que nos aponta o filme com o qual comecei este texto. Lendo sobre ele na Wikipédia em italiano,[7] vi que, por ocasião das ações de magistrados que conhecemos como *Mãos Limpas*, perguntou-se ao diretor se a sua película, à época rodada já havia vinte anos, não se consistiria numa crítica a certas liberdades tomadas pelos juízes em nome da luta contra a corrupção.[8] E ele assentiu. Contudo, esta não me parece, com o devido respeito ao realizador, a leitura mais contemporânea à construção do filme. Na ocasião, seria difícil dizer que o filme pretendia apenas *criticar* o juiz. O filme colocava uma situação em aberto. Certamente haveria espectadores que o condenariam, por subordinar sua obrigação de julgar a preconceitos, como a certa altura protesta o empreiteiro, ideológicos. Mas também haveria outros que considerariam legítima a decisão de queimar os diários. Lembrem que a questão reside em boa parte na fórmula que empreguei anteriormente: ele tem provas (falsas) para condená-lo por um crime que não cometeu, mas não dispõe de provas para condená-lo por um crime maior, que cometeu de fato. É exatamente a questão da poesia e da história. No plano factual, o magistrado está errado. Mas, no plano do processo histórico, estaria certo.

Contudo, temos de reconhecer que, se seguirmos as regras da reportagem decente – não digo a boa reportagem, porque as de Kapuściński continuam sendo ótimas, embora talvez devam ser recicladas para uma seção, a ser criada, de semificção, e se isso acontecer elas mantêm o adjetivo de qualidade (ótimas) mas perdem o substantivo (reportagens), ou seja, perdem a substância – ou do julgamento segundo os princípios da Justiça, terão errado tanto o jornalista quanto o juiz. E aí chegamos a uma situação exemplar, que é a do julgamento de crimes políticos, ou assemelhados, nos países comunistas.

O juiz ou o tribunal, num país comunista, não precisava pronunciar-se sobre a verdade dos fatos imputados a um réu, se o crime fosse de algum modo político. A própria noção de "político" tornava-se bastante ampla. Um crime que em condições normais seria comum era considerado político – pelo menos em tempos revolucionários, mas o problema é que esses podiam ser intermináveis.[9] Assim, um caso de amor entre um camponês rico e a filha de um camponês pobre poderia ser entendido como decorrência de exploração da moça em função da riqueza do seu parceiro. Nisso, não importava se ela gostasse dele ou não. Notem que eu até concordaria em considerar a riqueza maior dele como um fator que poderia desempenhar um papel na sedução da pessoa mais pobre. Contudo, uma coisa é efetuar uma análise, digamos, sociológica da relação dos dois – outra, completamente diferente, é a partir daí efetuar um julgamento criminal. Constatar que a riqueza constitui um diferencial nas relações afetivas, que não são portanto pura e lídima expressão dos sentimentos mais profundos do coração, é uma análise que pode ser correta. Extrair dela elementos para subtrair de alguém a liberdade ou a própria vida é fazer uma ilação detestável e que merece todo o repúdio. Uma das conquistas mais importantes do ideal do processo legal devido é que não se substitua a prova do que de fato aconteceu por uma presunção de base apenas teórica. Ou seja, a sociologia – ou nenhuma outra ciência – não pode suprir, para condenar o acusado, a falta de provas de que a pessoa de fato cometeu o ato criminoso. As ciências humanas nunca substituirão, se posso usar aqui o verso de Mallarmé, *le hasard* – no caso, a imprecisão da condição humana, a fragilidade dos fatos.

Na verdade, o grande elemento explicativo de que se valeu o comunismo foi um princípio utilizado em investigações, que é o do *cui prodest*, a quem beneficia. Uma boa pista para saber quem cometeu um ato delituoso é indagar quem é beneficiado por ele. Contudo, isso não quer dizer que essa pista baste para condenar. Na verdade, um dos autores que mais se valeu desse recurso foi Lenin. Num artigo seu de grande coragem e valor, publicado no *Pravda* de 11 de abril de 1913, diz ele:

> Há uma expressão latina, *cui prodest?*, que significa "quem ganha?". Quando não é prontamente visível quais grupos políticos ou sociais, que forças ou coligações defendem certas propostas, medidas etc., devemos sempre perguntar: "Quem sai ganhando?"
> Não é importante *quem* defende diretamente uma política em especial, já que, sob o nobre sistema capitalista que hoje prevalece, qualquer saco de dinheiro sempre pode "alugar", comprar ou alistar qualquer número de advogados, escritores ou mesmo deputados, catedráticos ou párocos e análogos para defender quaisquer ideias. Vivemos numa era de comércio, em que a burguesia não tem escrúpulos para comprar a honra ou a consciência. Há também simplórios que, por estupidez ou pela força do hábito, defendem ideias que predominam em alguns círculos burgueses. Sim, isso mesmo! Na política não é tão importante *quem* defende diretamente determinadas ideias. O que importa é *quem sai ganhando* dessas ideias, propostas ou medidas. [10]

Honra se preste a Lenin: ele escreve esse artigo mais de um ano antes de começar a odiosa chacina a que chamamos de Primeira Guerra Mundial, e a sequência do artigo é uma condenação em regra da indústria e dos interesses do armamento. Este, o contexto preciso – e a continuação – do artigo. Mas ele continua pertinente, para avaliar o pensamento de Lenin, mais tarde; na verdade, parece escrito sob medida para justificar a forte repressão promovida pelo poder bolchevista.

Assim, o *cui prodest* parece valer apenas em duas situações, cada uma das quais foi vivenciada posteriormente pelo líder comunista – a da guerra, em especial a civil, e a do totalitarismo. Em estado de guerra – ou pelo menos em se tratando de uma guerra justa – talvez seja lícito utilizar esse recurso; restaria, claro, verificar se a Guerra Civil foi um conflito bélico justo. Já o totalitarismo, em todo caso, é ilegítimo por princípio; daí que o *cui prodest*, nele, seja errado, porque errado é o regime. Na verdade, desse princípio se pode dizer que é bom para investigar, mau para punir: ele faz a simples expressão de ideias, na medida em que estas performam, tornar-se já um delito, ou melhor, algo que será interdito, barrado, massacrado; é, pois, um princípio extremamente repressor em relação à palavra, porque basta ela ser livre que se torna uma possível transgressora, passível portanto de punição. E inversamente o *cui prodest* faz que, de um ato delituoso ou simplesmente prejudicial a outrem, se infira uma cadeia de responsabilidades que pode em teoria ser válida, mas muitas vezes será falsa e fará que o inocente pague pelo culpado.

* * *

Há um grande episódio histórico a esse respeito. É o do assassinato de Thomas Becket, arcebispo de Cantuária, mais tarde canonizado – o grande santo inglês, antes de outro Thomas, também vítima de morte violenta, também em decorrência de um conflito com o rei, também mártir.[11] Os relatos sobre a morte de São Tomás de Cantuária convergem mais ou menos no seguinte teor. O rei Henrique II tinha em Becket um de seus companheiros mais queridos e leais. O rei, jovem ainda, várias vezes entrara em conflito com a Igreja. Ao vagar a sé de Cantuária, ele indica o nome do amigo para o cargo. Becket então se torna arcebispo, mas, ao contrário do que esperava o rei, começa a defender os interesses e direitos da Igreja contra a Coroa. Passam-se anos, até que um dia o rei, exasperado, exclama algo que nos chegou, pela tradição oral, como sendo: "Ninguém me livrará desse padreco turbulento?"[12] Ouvindo-o, quatro cavaleiros da corte cavalgam prontamente até a sé arquiepiscopal, onde encontram Becket rezando a missa – e matam-no ali mesmo, derramando seu sangue sobre o altar. A repercussão é horrível. Mas o espantoso é que o próprio rei desautoriza os cavaleiros. As fontes históricas dividem-se, evitando condenar diretamente o monarca. O papa, se proíbe o rei de comungar até haver cumprido sua penitência, não chega a culpá-lo pelo crime. Ora, não seria este o caso por excelência do *cui prodest*? Terá ele ficado impune porque não convinha fulminar um monarca, ou porque era útil para a Santa Sé dispor de um rei enfraquecido pelo terrível crime, ou terá Henrique II sido poupado por ser inocente? A literatura a respeito não é conclusiva. Razão para termos cuidado ao aplicar o *cui prodest*. Razão para que o juiz se socorra da ciência, se valha do excelente princípio de investigação endossado por Lenin, sonhe talvez com Kapuściński e com a poesia segundo Aristóteles, mas que ao julgar se atenha aos fatos, seja prosaico, se preserve dos saltos audazes no trapézio da teoria.

NOTAS

1 Expressão utilizada para exarar sentenças, na Justiça italiana.

2 Ver resumo em: <http://www.guardian.co.uk/world/2010/mar/02/ryszard-kapuscinski-accused-fiction-biography>. Acesso em: 19 set. 2013.

3 Ver O "jornalismo mágico", de Luciano Trigo, na edição 684, de 6 de março de 2012. Disponível em: <http://www.observatoriodaimprensa.com.br/news/view/_ed684_o_jornalismo_magico>. Acesso em: 6 mar. 2012.

4 No cap. "História e soberania (de Hobbes à revolução)", de meu livro *A última razão dos reis: ensaios de filosofia e de política*, São Paulo, Companhia das Letras, 1994.

5 George Huppert, *The Idea of Perfect History: Historical Erudition and Historial Philosophy in Renaissance France*. Urbana: University of Illinois Press, 1970 (tradução do autor).

6 Aristóteles, *Poética*, cap. IX. Lembremos que o título da obra magna de Heródoto se diz, em português e nas demais línguas modernas, indiferentemente *Histórias* ou *Investigações*. Assim, desde os primórdios, história é investigação, inquérito, pesquisa.

7 Disponível em: <http://it.wikipedia.org/wiki/In_nome_del_popolo_italiano>. Acesso em: 28 set. 2012.

8 "Intervistato negli anni di Tangentopoli, ovverosia circa vent'anni dopo la realizzazione del film, Dino Risi ricordò di aver fatto questo film anche per riflettere già allora sull'ampiezza del potere discrezionale di cui i magistrati dispongono, e di cui forse talvolta potrebbero abusare in nome di un fine di giustizia che giustificherebbe l'uso di mezzi non ortodossi."

9 Stalin e, mais tarde, Mao Tsé-tung sustentaram que a luta de classes se agrava, em vez de se atenuar, depois da vitória do proletariado – portanto, a repressão deve aumentar, e não diminuir. Essa, uma das principais justificativas para os seguidos expurgos que culminam, entre os soviéticos, nos processos de Moscou e, entre os chineses, na Revolução Cultural.

10 Disponível em: <http://www.marxists.org/archive/lenin/works/1913/apr/11.htm>. Acesso em: 28 set. 2012; impresso nos *Lenin Collected Works*, Moscou, Progress Publishers, 1977, v. 19, pp. 53-4 (tradução do autor).

11 Morus.

12 Simon Schama prefere a versão de Edward Grim, contemporânea aos acontecimentos: "Que miseráveis patifes e traidores alimentei e criei em minha casa, que deixam seu rei e senhor ser tratado de maneira tão desrespeitosa por um clérigo de nascimento vil?" Schama, *A History of Britain: At the Edge of the World?*, London, BBC Books, 2002.

POR QUE DEVEMOS AGIR MORALMENTE?

Luiz Paulo Rouanet

> "If a reasonably just Society of Peoples whose members subordinate their power to reasonable aims is not possible, and human beings are largely amoral, if not incurably cynical and self-centered, one might ask, with Kant, whether it is worthwhile for human beings to live on the earth".
>
> (Rawls)

Vale a pena explicar o que vem a ser ou o que se entende por "contratualismo moral". Parte-se do pressuposto de que o pacto político pressupõe a adesão moral do conjunto dos cidadãos às leis e instituições básicas da sociedade, naquilo que Rawls chama de "condições de estabilidade". Em outras palavras, como procuramos mostrar em outra ocasião, o pacto moral antecede e é um pressuposto do pacto político.[1] É importante ressaltar, porém, que esse pressuposto não implica uma superioridade ontológica da moral sobre a política. Antes, no âmbito da teoria da justiça como equidade, de Rawls, é o contrário que ocorre, no sentido de que as considerações políticas, ou da razão pública, devem prevalecer sobre considerações morais, de ordem individual. Essa ênfase na anterioridade da moral sobre a política, portanto, tem a intenção apenas de efetuar uma reconstituição genética do contrato político e ao mesmo tempo mostrar a necessária vinculação de ambas.[2]

Quanto à questão da estabilidade propriamente dita, esta pode ser enunciada da seguinte forma:

> [...] o senso de justiça dos cidadãos, dados seus traços de caráter e interesses tais como formados pela vivência sob uma estrutura básica justa, é forte o suficiente para resistir às tendências normais à injustiça. Os cidadãos agem voluntariamente de modo a proporcionar uns aos outros justiça ao longo do tempo. A estabilidade é assegurada por motivação suficiente do tipo apropriado adquirida sob instituições justas.[3]

Há, portanto, uma predisposição moral por parte do indivíduo, que é reforçada pela vivência numa sociedade sob instituições e leis basicamente justas. Assim, a disposição original é reforçada pela justiça das instituições. Mesmo no caso de leis "injustas", a convicção de que se vive numa sociedade basicamente justa deve ser suficiente para manter a crença nas instituições. Rawls dedica o § 53 de *Uma teoria da justiça* para tratar da questão. Para ele:

> A injustiça de uma lei não é, em geral, razão suficiente para não lhe obedecer assim como a validade jurídica da legislação (conforme a define a constituição em vigor) não é razão suficiente para concordarmos com sua manutenção. *Quando a estrutura básica de uma sociedade é razoavelmente justa, conforme a avaliação permitida pelas circunstâncias concretas, devemos reconhecer as leis injustas como obrigatórias, desde que não excedam certos limites de injustiça.*[4]

O pressuposto é claramente kantiano, e não necessita de maior demonstração, sendo ilustrado pelo próprio lema latino: *dura Lex sed Lex*. É o princípio de estabilidade das instituições. Pode-se questionar a justiça de uma lei, mas não se recusar a obedecer-lhe, sob pena de pôr em xeque a própria ideia de obediência às leis em geral. É claro, "desde que não excedam certos limites de injustiça", limites os quais são questão de bom senso e razoabilidade.

O que nos propomos a tratar aqui é o que obriga um indivíduo, dentro de uma sociedade "razoavelmente justa", a agir moralmente. Isso implicará discutir, (I) em primeiro lugar, de que concepção moral se parte e, (II) em segundo lugar, dentro dessa concepção, estabelecer o que é agir moralmente e o que é agir de modo amoral ou imoral (destacando que estes últimos termos não são sinônimos). Por fim, (III) precisaremos expor as razões que justificam o agir moral dentro de sociedades contemporâneas "razoavelmente justas".

I

Esta talvez seja a questão mais difícil, mas também aquela da qual depende o desenvolvimento de todo o texto que se segue: de que concepção moral partimos, aqui? Claramente, a base é kantiana. Aceitamos os pressupostos básicos da moral kantiana, no sentido de que ela fornece um critério aceitável para a ação moral: universalizar a máxima de nossas ações. Se isto puder ser feito sem cairmos em contradição conosco mesmos, então se trata de um indício de que essa ação é moral, embora não se possa ter certeza disso. Por outro lado, se não pudermos realizar essa operação, então teremos um forte indício de que a ação não é moral.

Como se viu, consideramos o teste moral kantiano um instrumento valioso para nos ajudar a determinar a moralidade ou imoralidade de nossas ações e, a partir daí, tomarmos a decisão de agir ou não moralmente. Por que ele não é um critério absoluto? Dois exemplos devem bastar para mostrar a impossibilidade de se tomar esse critério como válido em todos os casos. Primeiro exemplo: caso eu deseje matar (ou realmente mate) uma pessoa, mas ao mesmo tempo estiver disposto a aceitar a possibilidade de eu mesmo ser morto (e considerar que isto é aceitável), então não há contradição. Isso pode acontecer se eu for um traficante, ou se for um oficial nazista, por exemplo. Por chocante que possa parecer, isso mostra a fragilidade do princípio de universalização como critério exclusivo, ou absoluto, da moralidade.

Segundo exemplo: o dever de dizer sempre a verdade. Consideremos o caso de um paciente com uma doença terminal. Ele não sabe a gravidade e a extensão de sua doença. Caso seja informado disso, poderá ter sua morte apressada devido à depressão em que entrará ao ser informado disso, diminuindo assim as suas já diminutas chances de sobrevivência. Isso acontece com relativa frequência, o que tem levado alguns hospitais a rever o relacionamento entre médicos e pacientes, sem falar da contratação de diversos profissionais, como psicólogos, fisioterapeutas e outros que ajudarão o paciente e, eventualmente, os funcionários do hospital, a lidarem melhor com a situação, humanizando as relações e efetivamente aumentando as chances de sobrevida.

Além desses exemplos dramáticos, poderíamos aduzir o mero dever de polidez e sociabilidade que, na prática, tornariam inviável uma sociedade na qual todos só dissessem a verdade. Pode-se imaginar todo tipo de situação, de cômicas a dramáticas, que surgiriam caso tal imperativo fosse aplicado a ferro e fogo. No mínimo, poderíamos dizer que o número de divórcios aumentaria drasticamente.

Mas dissemos que nossa base, nosso ponto de partida, é kantiano. Portanto, a moral kantiana continua valendo como critério, desde que não exclusivo e não absoluto. Mas não é suficiente. Por isso, temos de ir além, no sentido da intersubjetividade da teoria da ação comunicativa, de Jürgen Habermas. A moral não é mais definida apenas no plano individual, mas sim no plano coletivo, da prática comunicativa. Lembrando, porém, que se trata de uma situação ideal, não real. Também imaginamos que não possa se aplicar num âmbito muito extenso. A experiência do orçamento participativo[5] fornece um bom exemplo de como isso poderia funcionar na prática, pois, envolvendo decisões concretas e comunidades realmente existentes, leva em conta os pressupostos da ética discursiva ideal ("A") e real ("B"), para utilizar a terminologia de K. O. Appel.[6]

Uma possível objeção é que a decisão dependeria, então, dos valores de uma dada comunidade, o que poderia constranger preferências individuais minoritárias, levando a uma versão da "ditadura da maioria". Nesse caso, os mecanismos de deliberação teriam que introduzir mecanismos, que precisariam ser discutidos, a fim de diminuir esse risco. Ainda assim, uma pressão da coletividade sobre as opções individuais poderia, de maneira não explícita, constranger os membros da minoria, se essa cláusula de respeito pelas preferências da minoria for apenas formal.

Estamos falando, ainda, de moral. É por esse motivo que, não sendo possível preservar os direitos das minorias no que respeita seus valores morais, toda a discussão só pode se dar no plano político, isto é, público, onde se passaria por cima ("*overlapping consensus*") das preferências demasiado específicas ou das visões de mundo abrangentes ("*comprehensive*").

Dessa forma, os pressupostos morais têm de ser postos entre parênteses, o único campo em que se pode realmente buscar o consenso, ainda assim ("*overlapping*"), é o da política. Isso, porém, precisa ainda ser demonstrado num contexto mais amplo.

II

O que seria, então, em termos gerais, agir moralmente, agir de modo imoral e amoral?[7]

Podemos definir como agir moralmente seguir certos padrões de conduta estabelecidos pela sociedade, internalizados pelo indivíduo e aceitos por este, de forma autônoma.[8]

O agir moral compreende, em outros termos, entre outras referências, os três níveis da moralidade segundo Kohlberg: a ação moral sob coerção externa, o nível pré-convencional, sua internalização (nível convencional) e, por fim, a compreensão da regra e sua aceitação (ou não), que constitui o nível pós-convencional ou baseado em princípios.[9]

Assim, a moral, no sentido pleno, compreenderia esses três níveis. Pode-se argumentar que um indivíduo, ou um grupo de indivíduos, que se situe apenas no nível pré-convencional ou mesmo convencional, pode agir *em conformidade* com a moral, mas não de modo moral, ou seja, *por dever*. Na prática, muitos indivíduos realmente não ultrapassam um ou ambos os níveis. Isso não os torna "pessoas morais" inferiores, no que concerne a seus direitos e deveres como cidadãos. Todos são iguais perante a lei. Porém, uma sociedade "esclarecida" seria composta majoritariamente, assim acreditamos, por pessoas que tenham atingido o terceiro nível. Caminhamos para isso.

A partir dessa perspectiva, o que seria agir de maneira imoral? Seria, mesmo tendo consciência do que se espera do ponto de vista moral segundo qualquer um dos três níveis, ainda assim decidir agir contra esse ponto de vista. Nesse sentido, pode-se argumentar que, quanto mais alto o nível de "conhecimento" moral, mais imoral é a ação que vai contra ela. É claro que a moral continua sendo uma decisão de foro interno, e não externo, como o Direito, e portanto, pessoal. Ainda assim, para si mesma, em primeiro lugar, e para os outros, em segundo, a ação é imoral. Para os observadores externos, o julgamento de imoralidade vai depender do acesso às motivações da ação, à qual só o próprio indivíduo tem, e até certo ponto, uma vez que ninguém possui consciência plena de suas ações (segundo Freud, a maior parte de nossas ações é provocada por motivações inconscientes).

Quanto à amoralidade, essa consistiria numa ausência de valores morais, dificilmente imaginável numa situação social, mas possível como patologia, por exemplo, em um psicopata ou sociopata, o qual não compreende, ou não se sente constrangido, pelas normas morais. Em certos casos, é capaz de agir "em conformidade" com essas normas, mas por razões de conveniência ou meramente estratégicas. Por exemplo, o torturador nazista Dr. Mengele referia-se à conveniência de se tratar com os brasileiros de forma amável, pois assim é mais fácil de obter o que se quer deles.[10] Não queremos dizer, com isso, que a amoralidade seja um atributo exclusivo de psicopatas, mas que ela dificilmente pode ser encontrada, em forma pura, no convívio social. Seria equivalente a afirmar um "grau zero de moralidade". O mais próximo que temos disso é a afirmação de Descartes de que a indiferença é o grau mais baixo de liberdade: "De modo que essa indiferença que sinto, quando não sou impelido nem para um lado nem para outro pelo peso de qualquer razão, é o grau mais baixo de liberdade".[11]

III

Numa sociedade pós-secular, com moralidade pós-convencional, o que justifica o agir moral, ou melhor, que razões temos para agir moralmente na sociedade contemporânea? Essas razões têm que ser, necessariamente, *públicas*. Não podemos mais, em sociedades plurais, esperar que todos concordem sobre os valores morais básicos. Espera-se, apenas, que cumpram a lei. É verdade que, para obedecer às leis, é preciso primeiro estar intimamente convencido da necessidade de fazê-lo. Daí a anterioridade, do ponto de vista genético, da moral sobre a política. Porém, não vivemos mais em sociedades tradicionais, e sim em sociedades pós-seculares.[12] Trata-se, na expressão de John Rawls, do "fato do pluralismo razoável", ou seja, o fato de que vivemos numa sociedade que é, cada vez mais, de maneira inexorável, plural.[13] Nesse contexto se insere também o chamado "realismo utópico", o qual consiste em partir de uma visão de mundo realista sobre a política, mas sem abrir mão dos ideais. Assim, ideais "razoáveis", nessa perspectiva, seriam, segundo

Rawls, "liberdade religiosa e liberdade de consciência, liberdade política e liberdades constitucionais, e justiça igual para as mulheres".[14]

O debate travado entre Jürgen Habermas e o então cardeal Joseph Ratzinger, em 19 de janeiro de 2004, é exemplar da necessidade de se estabelecer um diálogo "polifônico" entre as diversas culturas, e especialmente entre a racionalidade secular do Ocidente e a fé cristã, pois, se por um lado, a fé tem que ser controlada pela razão, por outro, a razão também precisa de limites.[15] Para Habermas, "evidências de um esgotamento da solidariedade cidadã começam a aparecer no contexto maior de um dinamismo político descontrolado que envolve a economia e a sociedade mundiais".[16]

Habermas admite que talvez não seja mais possível se ater ao ideal de secularização da modernidade. Porém, isto não deve significar, a seu ver, o retorno a um modelo tradicional de sociedade, e sim o reconhecimento da necessidade de se instalar um diálogo entre religiosos e não religiosos à luz das exigências do Estado Democrático de Direito. Assim:

> A expressão "pós-secular" tributa às comunidades religiosas não apenas reconhecimento público pela contribuição funcional que elas prestam à retribuição de motivos e atitudes. Na verdade, reflete-se na consciência pública de uma sociedade pós-secular uma convicção normativa que traz consequências para as relações políticas dos cidadãos não crentes com os crentes. [...] Entendendo a secularização da sociedade como um processo comum de aprendizagem complementar, ambos os lados estarão em condições de levar a sério em público, por razões cognitivas, as respectivas contribuições para temas controversos.[17]

Da mesma forma, J. Ratzinger reconhece a necessidade de um controle mútuo da razão e da fé (relação que poderia mimetizar, de certa maneira, mas não de modo completamente justaposto, a relação entre o Direito e a moral). Se, por um lado, há o perigo do fanatismo inerente a uma visão religiosa arcaizante, por outro, há o perigo de uma racionalidade científica sem medidas, que produz bombas nucleares e outros artefatos potencialmente ou efetivamente perigosos.[18] Daí concluir: "Nesse sentido, eu falaria da necessidade de uma correlacionalidade entre razão e fé, entre razão e religião. Ambas são chamadas a se purificarem e curarem mutuamente, e é necessário que reconheçam o fato de que uma precisa da outra."[19]

É preciso reconhecer que a secularização, ainda que incompleta, não foi fonte somente de benefícios para a humanidade – alguns diriam antes o contrário, mas não nos pronunciaremos sobre isto aqui. Sendo assim, é preciso identificar os pontos em que o Projeto Moderno fracassou, não somente para completá-lo, mas talvez, sim, para corrigir os seus rumos, não numa direção reacionária de retorno a valores tradicionais, mas na direção da constituição de uma sociedade pós-secular, pós-metafísica, pós-convencional. Não seria descabido, nesse contexto, falar de uma *Übergesellschaft*, de uma Supersociedade em sentido bem similar ao *Übermensch* de Nietzsche, mas sem as implicações que o termo adquiriu graças à apropriação indevida de sua obra por parte do nazismo.

Em sentido similar, S. P. Rouanet retoma esse Projeto Moderno, a partir da obra de Freud, e chega a uma conclusão similar:

> A incorporação ao Iluminismo da perspectiva psicanalítica imuniza contra todos os messianismos e acrescenta um *caveat* ao utopismo da Ilustração. Graças a essa reserva mental, podemos combinar fé e dúvida, a crença na salvação possível com a suspeita de que a redenção não é deste mundo. A razão não pode tudo, mas é o único bem que temos.[20]

Ratzinger talvez não concordasse com essa última frase, embora Habermas provavelmente não tivesse nada a lhe objetar. Não poderíamos tampouco, aqui, concluir com uma posição relativista, simplesmente colocando em plano de equivalência razão e fé, após toda a luta da Filosofia para se separar da religião. Assim, para a Filosofia deve prevalecer sim a razão, mas reservando um lugar para a fé, mesmo que não seja a própria, mas a do Outro, por princípio.

CONCLUSÃO

Não existe outra saída senão o diálogo. Kant utiliza a imagem de duas pessoas brigando dentro de uma loja de louças. A única coisa certa é que, quando terminar a briga, ambos terão que se reunir no café em frente para dividir a conta. Assim, a única solução possível é a conciliação da moral com o Direito. Se, do ponto de vista da gênese, como mostramos, a moral é anterior ao Direito, do ponto de vista hierárquico, o Direito precisa sobrepor-se à moral, embora parta desta para a elaboração das leis. O Direito não pode estar subordinado à moral individual ou coletiva, mas ao mesmo tempo não pode subtrair-se a ela, como supunha o positivismo mais ingênuo. É nesse sentido que cabe falar em procedimentalismo imperfeito. A teoria da justiça como equidade é procedimental, em matéria constitucional, dada a prioridade do Justo sobre o Bem, mas abre-se também a questões de moralidade substantiva. Nas palavras de Rawls:

> Procedimentos políticos constitucionais podem de fato ser [...] puramente procedimentais com respeito à legitimidade. Tendo em vista a imperfeição de todos os procedimentos políticos humanos, não pode haver tal procedimento em relação à justiça política e procedimento algum poderia determinar seu conteúdo substantivo. Logo, nós sempre dependemos de nossos julgamentos substantivos de justiça.[21]

Quanto à questão proposta, com certa imprudência, "Por que devemos agir moralmente?", podemos responder por meio de um credo idealista. O pressuposto contrário, de que não há regras, de que prevalece a lei do mais forte, dos grupos mais poderosos, é tão ruim que, talvez, não valesse a pena viver. É por acreditarmos que o mundo é composto por pessoas que compartilham valores mínimos, e que acreditam ser possível viver em sociedade por meio de Estados de Direito, que acreditamos também que vale a pena viver.

* Texto apresentado no âmbito do GT – Ética, no XIV Encontro Nacional de Programas de Filosofia (Anpof), em Águas de Lindoia/SP, em 5 de outubro de 2010 e publicado na *Revista Ethic@*, v. 10, n.: 1, 2011, pp. 97-107.

NOTAS

1 Luiz P. Rouanet, "A questão do contratualismo moral em Kant", em XII Colóquio Kant da Unicamp, em julho de 2010, inédito. Para a questão da estabilidade, cf., em particular, Rawls, *Political Liberalism*, New York, Columbia University Press, 1996, pp. 140-4.

2 Essas considerações procuram se antecipar à objeção que poderia ser levantada pela leitura da Segunda Conferência de *Political Liberalism* (PL), em seu § 6: "Full Autonomy: Political not Ethical", pp. 77-81.

3 John Rawls, op. cit., pp. 142-3: "[...] citizen's sense of justice, given their traits of character and interests as formed by living under a just basic structure, is strong enough to resist the normal tendencies to injustice. Citizens act willingly so as to give one another justice over time. Stability is secured by sufficient motivation of the appropriate kind acquired under just institutions" (minha tradução).

4 John Rawls, *Uma teoria da justiça*, trad. Almiro Pisetta e Lenita M. R. Esteves, São Paulo, Martins Fontes, 1997, § 53, p. 389; grifos meus.

[5] Cf., por exemplo, Luciano Fedosi, *Orçamento participativo: reflexões sobre a experiência de Porto Alegre*, São Paulo, Fundação Perseu Abramo, 1999.

[6] Cf. K.-O. Apel, *Diskurs und Verantwortung*. Frankfurt: Suhrkamp, 1997.

[7] É claro que a bibliografia a esse respeito é enorme. Para a preparação deste texto baseei-me, sobretudo, em B. Williams, *Ethics and the Limits of Philosophy*. Cambridge, Mass., Harvard University Press, 1985.

[8] Formulação própria. Embora a referência principal seja Kohlberg, a formulação é original e constitui síntese de leituras e reflexões prévias do autor deste artigo.

[9] Apud J. Habermas, *Consciência moral e agir comunicativo*, trad. Guido A. de Almeida, Rio de Janeiro, Tempo Brasileiro, 1989, pp. 152 e ss.

[10] Ver *Folha de S.Paulo*, 21/11/2004.

[11] R. Descartes, *Méditations*, IV, em *Œuvres et Lettres*. Paris: Gallimard (Bibliothèque de la Pleyade), 1953, p. 305: "De façon que cette indiference que je sens, lorsque je ne suis point emporté vers un côté plutôt que vers un autre par le poids d'aucune raison, est le plus bas degré de la liberté."

[12] Cf. J. Habermas; J. Ratzinger, *Dialética da secularização: Sobre razão e religião*, 2. ed., Aparecida, SP: Ideias & Letras, 2007.

[13] J. Rawls, *The Law of Peoples*. Cambridge, Mass./London: Harvard University Press, 1999, p. 11.

[14] Idem, p. 9: "Thus, religious freedom and liberty of conscience, political freedom and constitutional liberties, and equal justice for women are fundamental aspects of sound social policy for a realistic utopia."

[15] Habermas e J. Ratzinger, op. cit., p. 90.

[16] J. Habermas, op. cit., p. 41.

[17] J. Habermas, ibidem, p. 52.

[18] Habermas e J. Ratzinger, op. cit., pp. 73 e ss.

[19] Idem, p. 83.

[20] S. P. Rouanet, *O mal-estar da Modernidade*, São Paulo, Companhia das Letras, 1993, p. 118. Cf. J. Habermas, *O discurso filosófico da modernidade*, São Paulo, Martins Fontes, 2000.

[21] J. Rawls, "Reply to Habermas", em J. Rawls, *Political Liberalism*, New York, Columbia University Press, 1996, p. 429 (minha tradução).

BIBLIOGRAFIA

Apel, K.-O. *Diskurs und Verantwortung*. Frankfurt: Suhrkamp, 1997.

Descartes, R. *Œuvres et Lettres*. Paris: Gallimard (Bibliothèque de la Pleyade), 1953.

Fedosi, Luciano. *Orçamento participativo*: reflexões sobre a experiência de Porto Alegre. São Paulo: Fundação Perseu Abramo, 1999.

Habermas, J. *Consciência moral e agir comunicativo*. Trad. Guido A. de Almeida. Rio de Janeiro: Tempo Brasileiro, 1989.

______. *O discurso filosófico da modernidade*. São Paulo: Martins Fontes, 2000.

______. *A ética da discussão e a questão da verdade*. Trad. Marcelo Brandão Cipolla. São Paulo: Martins Fontes, 2004.

Habermas, J.; Ratzinger, J. *Dialética da secularização*: sobre razão e religião. 2. ed. Aparecida: Ideias & Letras, 2007.

Kant, I. *Gesammelte Werke*. 12 Bd. Frankfurt: Suhrkamp, 1977.

Rawls, J. *A Theory of Justice*. Cambridge, Mass.: Harvard University Press, 1971.

______. *Uma teoria da justiça*. Trad. Almiro Pisetta e Lenita M. R. Esteves. São Paulo: Martins Fontes, 1997.

______. *Political Liberalism*. New York: Columbia University Press, 1996.

______. *The Law of Peoples*. Cambridge, Mass./London: Harvard University Press, 1999.

Rouanet, Luiz P. "A questão do contratualismo moral em Kant". XII Colóquio Kant da Unicamp, em jul. 2010, inédito.

Rouanet, Sergio P. O mal-estar da modernidade. São Paulo: Companhia das Letras, 1993.

Williams, B. Ethics and the Limits of Philosophy. Cambridge, Mass.: Harvard University Press, 1985.

ELES, OS JUÍZES, VISTOS POR NÓS, OS CAMPONESES: CONSIDERAÇÕES PÍCARAS CONSTANTES DE UM APOTEGMA E DE UMA CARTA DE JAUME SILVA FONT

Ricardo Dip

Nota introdutória

Na aparente sensata suposição de que nem todos estejam familiarizados com a turbulenta vida de Jaume Dibuixos Silva Font, a quem se deu o apodo "Camponês de Andorra", peço licença para umas palavrinhas iniciais acerca dos traumas biográficos desse *camperol*.

Jaume Silva nasceu na cidade de La Vella, capital do principado de Andorra, em 1960, e pouco se sabe de sua infância e primícias da juventude, salvo que – por suas mesmas breves confissões – foi um competente semeador de batatas na cordilheira pirenaica. Parece ter ele frequentado – acaso mesmo concluído, após alguma experiência gramatical autodidática – um curso de Direito, não se sabe em qual universidade europeia, e, já bem andada sua terceira década de vida, tem-se notícia de que, em razão de mal explicada desventura em um caso de intrincado amorio cortês, resolveu exilar-se voluntariamente na *Insula Agathaurica*, ali se recepcionando pelo duque Dulcamara, que era (e ainda é) conselheiro-primaz do rei Dom Sancho I-bis, o Único, e a quem Dulcamara teria Jaume Silva apresentado decisivas cartas de recomendação redigidas por seu amigo, o padre Leonardo Castellani, que privava da amizade daquele conselheiro e de seu mestre (dele, Jaume), padre Julio Meinvielle.

Deu-se que, após sindicar os motivos pelos quais se exilara Jaume Silva na *Insula Agathaurica*, o rei Sancho I-bis, o Único, e isto não sem expressar de modo público sua surpresa pela voluntariedade do desterro do camponês e pelo fato de que o exilado não se dizia um democrata perseguido político – motivos pelos quais seus assessores também exprimiram surpresa –, impôs-lhe as funções de conselheiro forâneo insular, determinando-lhe o inescusável dever de sugerir tudo o que fosse de "*sentit comú natural*" para o bom governo da Ilha e a consecução do "*bé comú*". Parece que no exercício dessa delicada função, que implicava o controle dos juízes locais, veio a morrer Jaume Silva durante uma viagem de *vacació* pelos Países Baixos.

Há consistentes indícios de que nosso Jaume Silva desempenhou de maneira adequada sua tarefa no Conselho Forâneo – ali agremiado com dignos pensadores, alguns cortesãos, além de Paul Pott, o padre Brown e Silvestre Paradox –, tarefa bem cumprida que deve ter sido fato, sobretudo quando se sabe que o rei não era tolerante com negligência alguma na esfera política. Resultado dessa atuação do Camponês de Andorra, na qualidade de conselheiro Forâneo *agathaurico*, foi a redação de quase três mil apotegmas, reunidos em vários cadernos, a cujo conjunto se deu o título de *Codis*. O método sentencioso que se adotou para os *Codis* foi inspirado na leitura dos *Escolios a un Texto Implícito*, do colombiano Nicolás Gómez Dávila (com quem, tanto em Paris, quanto em Santa Fé de Bogotá, privara de algum contacto o Camponês) e isso em que pese à conhecida crítica de Jaume Silva à metódica de escrita aforística, que ele considerava vizinha da anarquia e fatalmente hamletiana, pois, comentava, o que se dizia numa das breves sentenças da página par era, frequentemente, aquilo que a da página ímpar desdizia.

Doze *Codis* desse conjunto referem-se aos juízes. É preciso esclarecer que um mesmo *Codi* era não raro escrito de dois, três ou até quatro modos, porque o Camponês ensaiava sempre sua melhor formulação (confessava-se ele nessa prática diretamente inspirado pela *Cidadela* de Saint-Exupéry). As repetições não se contam de modo autônomo: de maneira que são apenas 12 os *Codis* sobre os juízes, agrupados exatamente sob a rubrica "Eles, os juízes, vistos por nós, os camponeses [...]", título que, à evidência, calca na célebre obra de Piero Calamandrei.

O *Codi* nº 1325 – **"Os juízes humanos são ministros de Deus, mas, custe o que custe acreditar – e muitos deles não acreditam nisto –, eles não são Deus"** –, que é o objeto de nossa consideração neste pequeno artigo, acabou por ter uma complementação inusual. Adiante isso se explicará.

Curiosa é a circunstância da divulgação desses *Codis*. De seus originais não se tem a mais leve notícia fidedigna (ou seja, ponho de lado as numerosas especulações das redes sociais, a ponto de os *Codis* serem reputados um dos *memes* de maior prestígio nestes tempos), salvo que esses originais foram entregues em mãos do padre maronita Youssef Cury, que os levou, em meados da década de 1990, para uma pequena aldeia no entorno de Zahlé (ou Zahlah), capital da província libanesa de Beqaa. Por volta de 1998, correu na *Insula Agathaurica* a trágica notícia de que uma das filhas desse padre (não se pense mal: ele fora ordenado após o casamento), uma senhorinha chamada Nagibe Cury, transportava os originais em um barco que navegava pelo rio Litani, quando um naufrágio – do qual ela sairia viva, milagrosamente (após impetrar a intercessão de S. Maroun) – fez perder os escritos do Camponês. Foi com surpresa, pois, que, no ano de 2001, deles apareceu uma parcial versão arábica da lavra de Cid Hamete Neto, que nenhuma explicação deu acerca do paradeiro dos originais. O fato é que, em 2007, Jerónimo del Rey Sobriño – cujo tio foi grande amigo do padre Castellani – fez publicar uma devotada tradução do texto árabe de Hamete em... *catalão*. Isso é para lá de curioso: estamos diante de um texto que, originalmente escrito em catalão, foi, a final, traduzido para o catalão! [Não conhecendo o árabe, vali-me aqui da versão catalã de Jerónimo del Rey Sobriño, publicado na *Insula Agathaurica* pela editora Victor Pradera & Filles, 2007, 1897 p.).

Por fim, dois esclarecimentos: o apodo "Camponês de Andorra" está bem acomodado ao fato de que Jaume Silva foi a um tempo, como já se disse, um plantador pirenaico de batatas. Mas essa referência, embora ajustada à condição rural do Camponês, não corresponde historicamente aos motivos pelos quais Jaume recebeu esse cognome. Na verdade, o apelido resultou de uma constante referência do próprio Jaume Silva aos camponeses de sua terra natal, dos quais guardara o intáctil costume de, ao pão, chamar pão, e ao queijo, queijo – *pa, pa; formatge, formatge.*

Segundo e mais importante esclarecimento: deu-se o caso que Dom Sancho I-bis, o Único, tomou ciência do *Codi* 1325 redigido pelo Camponês e afirmou publicamente que não entendia exatamente o que de verdade queria o texto significar. Por isso, todos os cortesãos (que o assessoravam) também publicamente disseram não entender o que verdadeiramente queria significar esse *Codi* 1325. Dulcamara saiu em defesa do Camponês e sugeriu que o texto do *Codi* era alegórico. Mas o rei ignorava que coisa era uma alegoria e, pois, todos os cortesãos também desconheciam de que coisa se tratava. Por isso, Dom Sancho decidiu ditar uma carta a seu secretário real, doutor Pedro Recio, interpelando Jaume Silva sobre o sentido conveniente do *Codi* 1325. O Camponês respondeu a essa carta, e a resposta foi publicada – em árabe – na tradução de Cid Hamete Neto e, depois, em anexo, na reversão catalã de Jerónimo del Rey Sobriño. Essa resposta é gráfica da atuação dos magistrados *agathauricos.*

Vamos, pois, ao nosso tema.

CODIS

Após andar três meses e duas semanas pelas terras insuladas da Agathaurica, visitando-lhes igrejas, praças, paços, notarias, estrebarias, registros, jornais com casos sinistros, batistérios, prebistérios, fóruns, teatros, piscinas, mercados, banheiros públicos, bares, restaurantes e praças taurinas etc. etc.

Digo, para conselho de El-Rei, que

[...]

1325 –"Os juízes humanos são ministros de Deus, mas, custe o que custe acreditar – e muitos deles não acreditam nisto –, eles não são Deus.

A carta enviada por Dom Sancho ao Camponês (carta de cujo teor não se tem notícia, salvo, em parte e indiretamente, pela resposta de Jaume) não deve ter sido das mais gentis. O monarca não era dado a notáveis sutilezas de trato e adversava esta nefanda espécie de *buonismo* que, em tudo e em todos, parece destacar aspectos positivos e preferi-los referir aos maléficos ou imperfeitos, com que tudo anda bem na Terra e num progresso retilíneo e indefinido. O rei dizia de maneira muito expressiva que aprendera não ser possível uma falsidade absolutamente falsa ou um mal absolutamente mau, de sorte que constitui um erro grave louvar os falsos e os males a partir de seus supostos ontológicos de verdade e bem, que neles sempre havia de existir para que fossem de possível apreensão humana. Costumava afirmar, nesse capítulo, que o diabo era um anjo, e nem por isso, sem gravíssimo pecado, se havia de louvar por ser anjo, senão antes e sobremodo criticar e afastar por ser um *mau* anjo. O Duque Dulcamara, de sua vez, pondo-se, como era seu costume, a explicar um tanto as palavras de El-Rei, a todos observava que a tolerância não era virtude na esfera do conhecimento, embora o pudesse talvez ser, comedidamente, na da ação (o que sempre lhe valeu a errada pecha de ter incutido no Monarca a ideia de permitir um prostíbulo numa região qualquer da *Insula*, cuja propriedade más línguas imputavam ao próprio conselheiro-primaz).

Mas vejamos de logo a resposta do Camponês, omitindo-se aqui o largo exórdio direto com que ele se dirigiu a El-Rei e, saudando-o, incluiu, na convocação da simpatia real, justas homenagens a dezenas de seus ancestrais (ancestrais dele, Dom Sancho) e fundadas esperanças nas virtudes da rainha consorte, das três Princesas filhas (cuja beleza não deixou de respeitavelmente louvar, confessando, por prudência sua, nesse passo, puridade de alma), do príncipe decano, do príncipe pretendente e até do pequenino Dom Sancho, o primogênito dos netos.

> Genuflecto em ânimo, respondo por artigos a missiva de Vossa Majestade, breve em seu escrito e forte nas ideias.
>
> Começo por dizer, Majestade, que o bom juiz há de saber que não tem o direito por fim o hábito da justiça. Da mesma forma que a casa não tem por fim a arquitetura.
>
> E prossigo, dizendo que, sendo finalidade da política a felicidade temporal dos homens, permitindo-lhes, o mais possível, a paz pública e

> a repartição da justiça, as leis devem ser cumpridas, tanto que justas, porque não há paz pública se as regras estiverem postas ao livre exame dos que julgam.
>
> Não cabe aos juízes a tarefa messiânica de construir o Reino de Deus na Terra. É que o Reino de Deus não é deste mundo. A civilização humana, isto sim, deve tender ao aperfeiçoamento dos homens, à satisfação de sua natureza, ordenadamente.

Não era hábito do Camponês indicar as fontes de seus *Codis*, nem em sua carta-resposta apontou as origens de suas proposições. Nessas sentenças iniciais aparece muito evidente a influência de alguma leitura tomista.

Com efeito, a referência ao direito por objeto da justiça pode remontar-se ao art. 1 da questão 57 da IIa.-IIæ. da *Suma Teológica*, que exatamente discute *utrum ius sit obiectum iustitiae*, concluindo S. Tomás em que o justo – ou direito – é o ato terminativo da virtude moral da justiça. Todavia, o recurso analógico do Camponês, na sequência do texto, à relação entre uma "casa" e a "arquitetura" parece acusar um influxo direto de Tomás Casares, cuja obra *La justicia y el derecho* foi sabidamente visitada pelo *Camperol* (que do livro tinha um exemplar "dialogado" com seus rabiscos, posto à frente de sua mesa de trabalho na Sala dos Despachos Perdidos do Conselho Forâneo). Casares deixara dito que "*según la fórmula tradicional, el derecho es el objeto de la justicia, y no la justicia el objeto del derecho*". Falar, de conseguinte, que a finalidade do Direito é a justiça é tal como afirmar que a finalidade da saúde é a medicina.

Em continuidade, a asserção do Camponês de que o escopo da política é "a felicidade temporal dos homens, permitindo-lhes, o mais possível, a paz pública e a repartição da justiça" é, muito avistavelmente, uma paráfrase de passagem do padre Julio Meinvielle (em *De Lamennais a Maritain*): "*El objeto de la política que es la felicidad temporal fundada en la paz pública y en el mantenimiento de la justicia en los ciudadanos* [...]".

Afirmando nosso conselheiro forâneo que "as leis devem ser cumpridas, tanto que justas, porque não há paz pública se as regras estiverem postas ao livre exame dos que julgam", empossou-se do pensamento de Aristóteles (*Retórica* Bkk. 1354 b) e de S. Tomás de Aquino (*Suma teológica*, Ia-IIæ., q. 95, art. 1º, *ad secundum*), e rematou, como ficou dito, em que

> Não cabe aos juízes a tarefa messiânica de construir o Reino de Deus na Terra. É que o Reino de Deus não é deste mundo. A civilização humana, isto sim, deve tender ao aperfeiçoamento dos homens, à satisfação de sua natureza, ordenadamente,

linhas parafrásticas de toda uma doutrina de Meinvielle sobre a civilização e a escala dos valores civilizacionais, de que se pode recrutar a título impressivo: "*si en la vida presente no puede haber plenitud de felicidad es precisamente porque no puede el hombre cumplir perfectamente en ella las condiciones de sua adquisición*".

Mas prossegue a resposta de Jaume Silva, desfilando episódios recolhidos em suas andanças oficiais pela *Insula*:

> O Juiz F***, por exemplo, Majestade, quando já se concluíra toda a prova processual de um litígio, ouviu, em meio de um banquete reservado, uma testemunha privada. E considerou bastante seu testemunho para decidir o processo. É que o Juiz F*** nunca leu o que S. Ambrosio comentara sobre o salmo 118, nem as sábias achegas tomasianas.

O caso, tal se soube, ocorreu na Marca de C***. O juiz do local tinha umas tantas provas e resolveu julgar conforme depoimento privado a que, acaso, dera audição no curso de um bródio comemorativo. O referido comentário ambrosiano é este: "O bom juiz nada faz de seu arbítrio, senão que julga segundo o direito e as leis", e o mencionado acréscimo de S. Tomás está no *sed contra* do art. 2 da questão 67 da IIa.-IIæ. da *Suma teológica*: "Isso é julgar segundo o que se alega e se prova em juízo. Logo, o juiz deve julgar conforme a essas provas e não segundo seu próprio arbítrio."

Continua o texto da carta do Camponês:

> O Juiz L***, da Marca de N***, Majestade, mitigou uma pena corporal de um facinoroso do lugar, por entender que o mínimo legislativo era excessivo para seu gosto e capricho. Trata-se de um episódio de cripto-misericórdia.

É muito provável que esse trecho da resposta do Camponês remonte, ao longe, à *Ética a Nicômaco* (Bkk. 1138 a), embora a mesma fonte aristotélica haja também nutrido o *ad primum* do art. 4 da questão

67 da IIa-IIæ. da *Suma teológica*, passagem de que se terá acercado certamente o *Camperol*. Diz aí S. Tomás: "nas atérias que estão determinadas pela lei divina ou humana, não está em suas mãos (*i.e.*, nas mãos do juiz) usar de misericórdia".

Volta-se à carta:

> O Juiz J.R.N***, de tão justa e boa memória, soube que um pobre acusado estava sendo vítima de falsos testemunhos. E tratou de examinar os fatos com mais aguda cautela, dando-se, a final, que as provas puderam inocentar o réu. E foram provas públicas. E assim bem agiu esse juiz, como era próprio de seu costume.

Veio saber-se o que houve nesse caso, que ocorreu na Marca de J***, local célebre por suas cepas, de que se faziam periódicos festivais. Esse juiz, desconfiando da honestidade dos testemunhos avessos ao réu, usou de uma cautela peculiar, terminando por sindicar novas provas, conclusivas em absolver o acusado. Lê-se em S. Tomás:

> O juiz, se sabe que alguém acusado por falsos testemunhos é inocente, deve examinar os testemunhos com maior diligência, para encontrar ocasião de livrar o inocente (*Suma teológica*, IIa.-IIæ., questão 64, art. 6, *ad tertium*).

Depois de dizer – invocando um aforismo de Gómez Dávila – que, outrora, aprazia aos temperamentos irenistas e aos pirrônicos o uso de termos equívocos ("*cierta cortesía intelectual nos hace preferir la palabra ambigua*... [porque] *el vocablo unívoco somete el universo a sua arbitraria rigidez*"), nosso *Camperol* observou que, opondo-se embora ao "delírio do literalismo", antes receava os juízes que alteravam as compreensões conceituais segundo uma espécie de livre exame profano, narrando, a propósito, este curioso evento:

> Na Marca de R***, vivia um advogado temente de Deus. Certo dia, soube ele que o Juiz X***, ao decidir um controverso litígio, dispôs que o termo "casamento" tinha livre acepção, negando que o conceito expedido por Modestino – *Nuptiae sunt coniunctio maris et feminae, consortium omnis vitae, divini et humani iuris communicatio* – e recrutado pelos séculos, a ponto de aboná-lo modernamente o grande

> Giambattista Vico, já não se poderia acomodar aos tempos. E a isso o juiz chamou progresso, e também interpretação progressiva. Pois é que, então, no mesmo dia em que se publicou essa decisão do Juiz X***, o Advogado J*** – o temente de Deus – foi à Sala dos Despachos Insolentes da Marca de R*** e, estendendo-lhe a mão o Juiz X***, deu-lhe o Advogado J*** uma intensa e bem-sucedida cusparada. E quando o surpreso Juiz X*** conseguiu recompor-se de seu espanto (limpando a mão com uns papéis que acabara de despachar), deu ordem de prisão *in flagranti*, por desacato, e injúria, e não sei mais que outras formas de pouco respeito ou nenhum com a alçada autoridade judicial do lugar. Mas foi aí que o Advogado J*** se afetou surpreso: pois é, explicou ele, fazia cerca de meia hora, também adotara por seu arbítrio o critério de instituir uma linguagem própria – da qual igualmente dizia ser fruto do progresso – e que acarretara transformar a cusparada em uma forma de educada saudação. O Juiz X*** (assim pareceu) não se deixou ludibriar e protestou que cusparada sempre foi mau jeito, como é muitas vezes milenar na história da civilização e de que dá prova bastante o escrito de José Antonio de Urbina, *El gran libro del protocolo*. Mas o Advogado J*** respondeu-lhe que também o conceito de "casamento" por igual era muitas vezes milenar, de que dava prova bastante o *Digesto*, e safou-se com esta em latim: "Mira sunt quæ dicitis, nova sunt quæ dicitis, falsa sunt quæ dicitis" – admirável o que dizes, novo o que dizes, falso o que dizes (S. Agostinho, Contra Julianum III, 3). E o Juiz X***, Majestade, ele que tinha sido seminarista em tempos anteriores à década de sessenta (e, por isso, sabia latim e até religião – *o tempora, o mores!*), elevou-se em honra e em dignidade com não apenas soltar imediatamente o advogado, mas ao corrigir-se do livre exame com que se permitira chegar à afronta do costume e da natureza das coisas.

Avanti, prego. Noutra passagem, o Camponês imputou ao Juiz L*** o espírito de sempre inclinar-se antes à condenação do que à absolvição dos acusados, com o ânimo inclusive de condenar na condição conjunta de juiz e testemunha privada, quando não também de acusador (o que, segundo disse, teria ocorrido na Marca de R*** – em sentença corrigida, depois, por um julgado de uma antiga Corte *agathaurica* de Alçada; assim o ensinou S. Tomás, *homo non potest esse simul accusator, iudex et testis*). Ao revés, ressalvou o *Camperol*, não há de ter o magistrado – tal parece ter-se dado com o Juiz M***, da Marca de S***– o desiderato de perdoar penas, sob a escusa da misericórdia, porque haveria nisso falta de verdadeira misericórdia, seja em relação à sociedade (à qual muito interessa que se previnam os crimes), seja quanto ao próprio facínora, porque a pena recebida não somente compensa, em certo sentido, a ofensa praticada, senão que restitui, por algum aspecto, a própria honra do delinquente (*vid.*, nesse passo, *Suma teológica*, IIa.IIæ., questão 67, art. 4, *ad tertium*).

Já ia quase ao fim a carta do Camponês – e, com isso, chega ao fim este artigo – quando tratou o conselheiro forâneo de resumir sua experiência de visitador dos lugares forenses da Insula *Agathaurica*, o que fez nestes termos:

> Nossos juízes, Majestade, não são todos bons, nem são todos maus. Alguns acertam algumas vezes e erram outras vezes. Outros, ao contrário, erram algumas vezes e acertam outras vezes. Quanto a isso, El-Rei nada pode, porque não pode El-Rei corrigir a perda da integridade da natureza humana, ferida pelo pecado original.
>
> E aí está, Majestade, o que é preciso saber: o juiz é um homem, nascido de pai e de mãe – hoje em dia, juízes preocupados em parecer de "seu tempo" dizem que são filhos de "genitores" –, mas eu falava: de pai e de mãe tal como nós, os camponeses; o juiz é nascido homem ou mulher (que há também juízas, Majestade), tanto quanto nós, camponeses, nascemos homem ou mulher (e não gênero potencial!); o juiz é um homem que tem patelas, e, por isso, se genuflete, alguns deles a Deus, outros, ao que lhes parece de turno, mas todos se ajoelham, uns a Deus (assim já ficou dito), outros ao poder humano, ao do dinheiro, ao dos prazeres, ao da vaidade. Os que se prostram diante de Deus, pecam, não por isso é verdade, mas pecam por serem homens, imperfeitos tanto quanto pecamos os camponeses. Os que se aterram a diversas outras potestades, esses também pecam – e bem por isso pecam, além de cometer outros pecados. O fato é que todos pecamos.
>
> Pecam os que vão diariamente ao fórum; pecam os que só judicam na *setmana catalana* [i.e., *a semana de três dias: terça, quarta e quinta-feiras*]. Pecam os laxistas – que se estimam portadores de uma misericórdia (falsíssima) –, pecam os rigoristas, que têm vocação mais para verdugo do que para juiz; pecam, enfim, os que não são laxistas, nem rigoristas, porque o drama dos homens começou com Adão. Pecam os juízes carreiristas, pecam os magistrados sindicalistas e pecam os que se abstêm de ocupar-se da carreira e de seus atributos e retribuíveis.

Vossa Majestade há de ocupar-se com o que de mais grave se possa corrigir. Há um campo que é propício à tolerância. Outro, não. Boa coisa será, se aqui isto pensando e sugerindo não peco, dar ao juiz ciência e consciência de que, sendo ele um ministro de Deus – porque o juiz também possui uma alma e, um dia, enfrentará um Juiz infalível –, não é, contudo, o próprio Deus.

Essa dúplice exigência – que são, primeiro, a de atuação em favor da justiça, imitando, o quanto possível, os juízos manifestos de Deus (como se recolhem na tradição, na lei natural e nos textos das Escrituras), e, em seguida, a da trágica notícia da limitação intelectual e volitiva de todo homem (homem que não é Deus!) –, essas duas exigências, tanto que delas consciente o juiz, evitaria o ânimo de transgressão, o prurido das novidades, rompendo com a falsa conjectura de que o fim da justiça é imanente à história e de que há uma trilha irreversível em que o *novum* equivalha sempre ao *mellius*.

Grave defeito há, e vergonhoso, em romper com os costumes. Foi nas *Confissões* que sentenciou o Santo Padre Agostinho ser deforme toda a parte que se desarticula do corpo, e por aqui passando um pequeno juiz brasileiro, bisneto do padre Youssef Cury (de quem Vossa Majestade se há de lembrar, porque celebrava belas missas no rito maronita), desse deslustrado juiz ouvi repetir certa vez que, ao fundo, alguns de seus colegas, pelo mundo afora, tanto se acercavam de contendas entre pais e filhos, entre maridos e mulheres, entre irmãos e irmãos, entre patrões e trabalhadores, entre o Leviathan e o Caos, que estava o tipo comum do juiz, muita vez, esperando "uma nova história, uma nova era, um novo universo e uma nova humanidade que o curasse do nojo pelo homem" *[esta passagem, cuja fonte não mencionou o Camponês, é de Gustavo Corção, em* Três Alqueires e uma Vaca*]*.

Por isso, Majestade, os juízes da nossa *Insula*, não sendo mais que homens de alma e sangue, são apenas o que são, tratando de buscar (tarefa de toda uma vida!) o que devem ser: **ministros de Deus** – com a só condição de que não se persuadam de que sejam o próprio Deus.

REALISMO E ESPERANÇA: UMA REFLEXÃO ÉTICA

Regis de Morais

A ética, em ótimo caso, é uma onipresença no viver humano; e, desventuradamente, é a terrível presença de uma ausência. Diz-se que toda época fala muito do que lhe falta. Então pensamos: não será esta a razão de, nas últimas décadas, discorrermos tanto sobre ética, em textos ou em falas?

Certa noite, lendo Max Scheler[1] (sua obra *Visão filosófica do mundo*), fui tomado de espanto quando este filósofo afirma que o homem contemporâneo é um "desertor da vida". E tal pensamento é completado ao explicar o pensador que tal deserção se prende ao fato de o homem atual estar aceitando progressivamente "substitutos do viver". Inevitavelmente, fui pensando em coisas cotidianas da nossa vida como, por exemplo: com que facilidade temos deixado o convívio com a natureza ser substituído por suas contrafações (fotográficas, televisivas ou de substâncias químicas que imitam sabores naturais); do mesmo modo, como, em nossa vida social, facilmente deixamos de parte o genuíno sentimento da afetividade em troca de teatralizações sociais de *gentileza*; e também trocamos a honorabilidade de nossa palavra dada por documentos cartoriais.

Mas, ao que tudo indica, a mais grave capitulação está em se deixar, acentuadamente, fecunda produção de bens sociais por uma especulação predatória que faz papel com papel, dinheiro com dinheiro, eliminando qualquer idealismo entre os jovens. Pior ainda é percebermos que os séculos XX e XXI têm uma proscrita: a ética. Pois é em quadro assim difícil – porém não desesperançado – que se abre espaço para, uma vez mais, tratarmos de ética. Ante o espaço que aqui me concerne, tanto poderia apresentar um ensaio "professoral", digamos que didático e explicativo sobre a ética, quanto me é dado redigir um breve estudo antropológico de substância ética. Farei, assim, opção pela segunda possibilidade, de vez que é impossível discutir-se o verdadeiramente humano sem substancial contemplação da ética.

O EXISTIR

Na Grécia clássica, o grande dramaturgo Sófocles, em sua tragédia *Antígona*, põe na boca do coro trágico dois versos realmente intrigantes:

> Muitas são as coisas estranhas sobre a Terra,
> porém, nenhuma é mais estranha do que o homem.

E o estranhamento do dramaturgo é o mesmo que os filósofos manifestariam ante a constatação de que o ser humano *existe*. Mais a fundo: que apenas o ser humano *existe*. Jean Beaufret, na obra *Introdução às filosofias da existência*, anota que o verbo existir é derivado da expressão latina *ex-sistere*, a qual significa: colocar-se para fora de si; em uma palavra: comunicar-se. Beaufret escreve:

> O homem existe. É mesmo o único a existir e, o que no homem é mais estranho, é precisamente que ele existe. Mas não se pode dizer de uma coisa qualquer que ela existe. [...] Há pedras e árvores, há montanhas e mares, há grutas na montanha e ilhas no mar.[2]

Mas sobre o ser humano é preciso dizermos: *existem* muitíssimos homens. Existir é o que diferencia o homem das coisas inanimadas, dos irracionais. Para os humanos, existir é pertencer à temporalidade, à efemeridade, mas sempre em um tecido de comunicações que inclui postura corporal, linguagem gestual, linguagem facial e a riqueza das palavras –

primeiro apenas ditas e, depois, ditas e escritas. O que não podemos é negar razão a Sófocles; esse ser pluridimensional e que pensa mostra-se-nos estranho em muitas situações.

Eis por que Sören Kierkegaard, filósofo dinamarquês do século XIX, dizia ser, o homem, uma síntese de contradições. Simultaneamente, um ser de finitude e infinitude, de grandeza e pequenez, de força e fragilidade (*Tratado do desespero*).[3] Numa dualidade assim constitutiva, o que pode auxiliar o ser humano a evitar o total desvario? Sem dúvida os esforços éticos possibilitados por uma dada estrutura de valores. As concentrações humanas, mais rurais ou propriamente citadinas, são – no modo de ver do citado pensador – apinhamentos de contradições, de vez que para ser original basta ao homem nascer, já que inexistem dois humanos idênticos em sua totalidade. Antes, Hegel, ao longo de sua obra, dissera que a filosofia é filha mais da cidade, erguida como uma espécie de tribunal que norteasse o conviver de incontáveis peculiaridades. Por isso Aristóteles tomou de surpresa a cultura helênica ao fazer derivar do termo *ethos* (*habitat* animal) a palavra *ethiké* (esta voltada para o estudo do comportamento entre seres pensantes).[4] Assim, o meio para amenizar-se os paradoxos essenciais aos humanos é o controle inteligente de comportamentos que beneficiem o bem comum.

Émile Durkheim, principalmente em sua obra clássica *Da divisão do trabalho social*,[5] discorreu com amplitude a vida social desde as sociedades primitivas ("comunidades primárias") até às sociedades evolutivamente complexas, demonstrando o dificultamento da convivialidade no ritmo da complexificação da vida em comum – extraordinária trajetória da anarquia às vinganças primitivas e destas às refinadas elaborações axiológicas que fundamentam o Direito. Até hoje encontramos, em específicos rincões deste nosso mundo, comunidades primárias cuja vida em comum é norteada por seis ou sete normas, comumente transmitidas oralmente; ora, no desenvolvimento humano dali, a compreensão e a apreensão das normas de convivência são bem mais fáceis. Ao contrário, nós, na sociedade urbano-industrial, temos necessidade de atividades policiais, de Código Civil, Código Penal, Código de Trânsito e várias outras normatizações. Nem sempre, em nossas sociedades, é fácil a compreensão do devido e do indevido, do tolerável e do intolerável etc.

Na diversidade evolutiva e cultural que caracteriza nosso mundo, a ética não pode ser reduzida a uma codificação, mas precisa ser um constante exercício de inventividade e adequação – algo mais teorético do que códigos morais. Desse modo, vamos percebendo, às vezes com certa perplexidade, a sutileza que caracteriza o existir, o coexistir e, para além, o conviver dos seres humanos. O psiquiatra Carl Gustav Jung, ao longo de sua vasta obra, argumenta que todos nós temos, nas profundezas do nosso psiquismo, zonas de luz e outras zonas bem sombrias. Assim que, ao que indicara o citado Kierkegaard, nós humanos realmente somos "uma síntese de opostos", amparada por uma consciência inteligente que pode, com boa disposição, cultivar o equilíbrio de valores éticos.

Quis trazer para este ensaio, com mínima variação, o modo como introduzi – por mais de uma década – meus alunos de pós-graduação na disciplina "Sociologia do Direito". Ocorre que nunca me via dispensado de refletir com os alunos, mesmo de uma angulação filosófica, as fragilidades típicas do existir humano, bem como a grandeza do esforço de buscar superá-las. Necessitei retomar estas reflexões introdutórias porque, nas páginas próximas deste estudo, verão, os que tiverem a amabilidade de lê-las, que passarei a tratar de delicados aspectos que, muito infelizmente, têm dado tons sombrios à experiência de buscarmos viver bem em sociedade. Para tanto, focalizarei pontos nevrálgicos de nossa evolução nacional, preparando alguns modestos, mas efetivos alertas (de substância ética) que poderão ter utilidade para as relações entre cidadania e justiça.

BRASIL: ASPECTOS DE SUA EVOLUÇÃO E DE SUA CONTEMPORANEIDADE

De pronto lamentamos ter a história de nosso belo país registrado perto de quatrocentos anos de escravatura, pois isto não poderia deixar de lançar influências nefastas até os dias de hoje, sobretudo na definição das posições sociais e nas relações de trabalho. Detém-se competentemente sobre este assunto o antropólogo e político Darcy Ribeiro, principalmente em seu livro intitulado *Os brasileiros: teoria do Brasil.* Aqui devemos anotar algumas de suas interpretações:

> No caso do Brasil, cujas classes dominantes se formaram no escravismo com uma postura socialmente irresponsável com respeito às classes subalternas e, sobretudo, às oprimidas, cristalizou-se uma estrutura social

> cruamente desigualitária que gera enormes tensões, dificultando ao extremo a conciliação de classes. [...] Hoje elas (as classes dominantes) temem que, caso as classes subalternas cheguem a expressar as próprias aspirações, se torne inevitável sua própria erradicação do comando da estrutura de poder e talvez também do papel de gestores do sistema econômico.[6]

Desde as primeiras décadas da colonização, passando pelos primeiro e segundo Impérios, e sempre presente nos vários ciclos (da cana-de-açúcar, das minerações e início do ciclo do café etc.), a realidade e a mentalidade escravistas deram origem a uma classe dirigente desvairada quanto às febres do poder. Mesmo abolida a escravatura e vindo para o Brasil milhões de imigrantes, nossa classe dirigente continuou (e continua) em tratamentos desiguais para com os cidadãos menos dotados. De modo que, até os dias atuais, os social e economicamente bem dotados, de modo às vezes quase inconsciente, cultivam vícios ancestrais de mando e superioridade.

Ora, o professor Paulo Bonavides, em farta e já clássica obra *Ciência política*, em capítulo intitulado "A sociedade e o Estado", mostra-nos serem, os poderes estatais, os primeiros servidores da cidadania.[7] Conquanto caiba ao Estado *reconhecer* o cidadão, ao mesmo tempo deve ser ele o primeiro fâmulo da cidadania na vida social. Cabe ao Estado garantir os direitos e também exigir dos cidadãos o cumprimento dos seus deveres. Mas, às vezes somos tentados a questionar: "será que, sempre, as coisas se têm passado assim em nosso país?". Na primeira república isto não se verifica, tampouco na segunda ou na denominada República Nova. Regimes ditatoriais têm distorcido nossa vida política, tanto na primeira quanto na segunda metade do século recém-findo. Não tivemos contato direto com as grandes guerras, mas destas sofremos danos indiretos; a par disto, tivemos abomináveis guerras civis de calabouço.

Na segunda metade do século XX floresceu e se instalou a chamada "sociedade do consumo"; algo que, quando devidamente estudado, se mostra monstruoso até os dias de hoje. Como se tem comentado, é a sociedade na qual as coisas valem cada vez mais, e as pessoas cada vez menos. O meio social em que os seres humanos são avaliados pelo quanto podem consumir e eventualmente exibir. Desempregados aos milhões que já vivem o drama da carência financeira passam a se sentir verdadeiros entulhos sociais, atravessando um ainda maior drama psicológico. Grassa o individualismo pragmático, e pouquíssima gente se dá conta do fato de que o individualismo nunca auxiliou ou promoveu os indivíduos; ele promove e apoia, sim, as massificações.

Devemos atentar para a obra intitulada *Consumido: como o mercado corrompe crianças, infantiliza adultos e engole cidadãos*,[8] do sociólogo Benjamin R. Barber; talvez só então entenderemos o abandono da arte excelente em troca de ninharias, bem como a decomposição das estruturas familiais e a banalização da vida escolar. Vamos vendo o Brasil atingir a posição de 6ª economia do planeta, e temos medo, pois pouca coisa é mais perigosa do que um 6º PIB desinteligente, medíocre e mesmo inculto.

Não se pode dizer que, esta nossa, seja uma contemporaneidade animadora. Muitos elementos precisam contribuir para que alcancemos o equilíbrio do qual agora necessitamos. Ora, um desses elementos é necessariamente a Justiça, sendo esta a mais difícil de todas as práticas humanas. Numa sociedade com imensas distâncias sociais, permeada de alienações e de poses equivocadas, a Justiça – à semelhança da Educação – é uma luta constante e sem trégua, é uma conquista, pois ela não pode ser confundida com "vingança codificada". Como dizia Aristóteles: "Não é a justiça que faz os justos; são os justos que fazem a justiça".

É pena dizer-se isto, mas em nosso Brasil temos três poderes oficiais e de direito – obviamente Executivo, Legislativo e Judiciário –, porém temos precisado reconhecer um grupo de "poderes" clandestinos que envilecem a marcha de nossa vida social. Ora é o antes explícito e hoje velado poder militar; ou, como dizia-nos Darcy Ribeiro, são as pressões políticas do "patriciado" (este vocábulo significando "gente muito importante"); também o poder dos *lobbies* empresariais e dos *lobbies* sindicais; junte-se aos citados, as negociações partidárias para a tal "governabilidade". E outras clandestinidades.

Definitivamente e sobretudo de uma angulação ética, a nossa não é uma contemporaneidade animadora. Mas o que os incautos fabricam e instituem, os cautelosos homens de bem devem combater e destruir. Nenhuma hora é hora de desistir. Como diziam os latinos "*Contra speam spes*" (esperança contra toda desesperança). Como dizia o Cristo, não são os sadios que precisam de médicos; são os enfermos. Ética não é algo redutível a palavrório ou a elegantes textos. O absoluto fundamento da ética é a VONTADE. Será, de início, a vontade de poucos? Isso não importa. Evangelicamente, é um pouco de fermento que leveda o alqueire de farinha.

DANOS CAUSADOS PELOS "SUPERCIDADÃOS"

Em livro deste autor, *Cultura brasileira e educação*, há o seguinte apontamento:

> [...] durante o século XIX e quando da hegemonia cultural da França sobre o Brasil, nossa classe dominante nada quis com a teoria política francesa, com seu liberalismo revolucionário (antiescravista, republicano e de discurso igualitário). A classe dirigente deste país, em razão de suas conveniências imediatas, cultivava, em campo político-econômico, o liberalismo conservador dos ingleses com sua legitimação de todas as discriminações.[9]

Ocorre que D. João, o príncipe regente, fez virem ao Brasil missões culturais. Por primeiro, uma Missão Cultural Mista (com franceses, alemães e austríacos); mas, D. João, sempre muito perspicaz – contrariamente à imagem que dele apreciam dar romancistas e cineastas –, viu que a gente brasileira não apreciara contatos com alemães e austríacos. Trouxe ele, então, uma Missão Cultural Francesa, a qual teve tão forte impacto sobre nossos nativos que a citada hegemonia cultural francesa durou praticamente um século. Apenas após o fim da Segunda Grande Guerra (1945), dando-se progressivamente a bipolarização do poder mundial entre o leste comunista (URSS) e o oeste capitalista norte-americano (EUA), ficou, nosso país, na órbita de influência dos Estados Unidos da América.

Iniciou-se, assim, a invasão da cultura comercial norte-americana, que obstou a continuidade da hegemonia da cultura francesa. Disso temos pouco do que rejubilar-nos e muito a lamentar, porque se abria o campo para os pragmatismos da já comentada sociedade de consumo; e isto se dava quando, em termos filosóficos sobretudo, a França brilhava cada vez mais, com figuras como Gabriel Marcel, George Gusdorf, Jean-Paul Sartre, Emmanuel Lévinas e outras. Enquanto durou a influência cultural francesa, foi esta aceita e cultivada em nosso Brasil, com consequências bem ricas. Como se pode ver, tal influência foi substituída em má hora. Mas, a partir da década de 1970, voltamos a ser visitados por notáveis pensadores. Michel Foucault, em cursos e conferências, Marc Ferry e Félix Guattari, também em conferências, traziam especial preocupação com algo que recebeu a denominação de "*syndrôme de super citoyens*" (síndrome de supercidadãos), coisa que, não sendo de origem atual, consideravam um perigo contemporâneo.

O supercidadão é figura difícil e perniciosa porque, antes de tudo, é equivocada. Trata-se de certa atitude paranoide que faz muitos se sentirem cidadãos *acima* da cidadania comum; noutras palavras, o supercidadão perde a dimensão de serviço ao bem comum. Dou exemplo próximo de mim; vivi 43 anos dentro de universidades, tendo podido observar, em dois ambientes distintos, profissionais cuja vaidade os tornava indisponíveis para que servissem à educação e aos educandos; ocorre que, na mente dessas criaturas, seus títulos, pós-títulos e obras publicadas, faziam-nas enxergar a si como cidadãos acima da cidadania comum. Éramos remunerados com verbas públicas, mas nem todos disponibilizavam seus melhores atendimentos e trabalhos ao público.

Tive a ventura, porém, de aprender desde jovem que o "meio humano" não é propriamente a antessala da corte celestial. De sorte que pude conviver adequadamente com todos os tipos humanos; percebia que isso é assim em muito variados setores do meio humano. Encontrei os supercidadãos em variados grupos humanos, e – embora não tendo formação de jurista e muito menos tendo vivido experiências profissionais em âmbito de Magistratura – imagino os supercidadãos muito presentes aí também. Félix Guattari chegou a afirmar em conferências que "a supercidadania é uma impostura". Eu prefiro pensá-la como sendo uma imaturidade.

Pessoas às quais a vida ofereceu muitas possibilidades tantas vezes negadas a tantos, e que diminuem a sua consciência de cidadania e de disposição a servir, esquecidas de que o Estado deve ser o *primeiro* servidor da sociedade, no ensinamento do professor Paulo Bonavides, nada entenderam de sua trajetória existencial. Conversava, em 1983, com Dr. Alceu Amoroso Lima (também conhecido como Tristão de Athayde), perto de seu falecimento no mesmo ano, e daquele sábio ouvi: "A circunspecção, em determinadas funções, deve sempre ser preservada; mas ela não deve comprometer a humildade pessoal. Na verdade penso que, aquele que perde a humildade, não tem na vida um bom espelho... Não se enxerga bem."

Sempre que medito nesse ensinamento, fica-me mais claro que a circunspecção não é prejudicial a bens éticos como a solidariedade humana e a humildade. Ora, para que tenhamos uma vida social amiga e suportável, esta tem que ser filha de valores humanitários e de vontade ética. Eis por que os supercidadãos não fazem boa figura no meio político, nem no meio acadêmico, nem no meio jurídico e em parte nenhuma.

Em meu livro intitulado *Ética da compaixão*, dediquei um capítulo à Justiça. Ali anotei:

> Os tribunais são inteiramente indispensáveis, mas para fazer detidas e acuradas avaliações das quais resultarão medidas, e não para "ouvir o clamor das ruas" como os políticos gostam de fazer. Os procedimentos judiciais devem (e precisam) beneficiar a ordem social sem que, para isso, amesquinhem as pessoas em sua humanidade, *com arroubos de hiperpoder*.[10]

Dada a espantosa diversidade de seres humanos como seres de contradição (Kierkegaard), o Estado (e suas frentes de atuação) precisava ser normativo e ter direitos; mas que sejam direitos fundamentados e não simples "arroubos de hiperpoder". As frentes estatais naturalmente têm seus agentes, mas, como já sublinhamos, estes mais se enriquecerão profissionalmente quanto menos perderem sua dimensão de serviço à cidadania. Eis por que a *ethiké*, como contemplação do comportamento humano, põe a consciência de cada ser humano ante uma terrível complexidade à qual chamamos meio social; e não podemos conceber como fácil o que nunca o foi, isto é, seja qual for o lugar social que ocupemos estaremos envolvidos num labor difícil, qual seja o de nos esforçarmos com nossa parte para que tenhamos uma sociedade razoavelmente equilibrada e justa. Quanto mais lúcidos (vale dizer: menos equivocados) estivermos na trama coletiva do viver, melhor para todos.

Semelhantemente ao portentoso filósofo Immanuel Kant (século XVIII), conquanto na consciência de minha modéstia, tenho cultivado o ponto de vista segundo o qual o tema mais nuclear do Direito é a liberdade. Naturalmente que a liberdade pensada em sua relatividade, até porque os absolutos não concernem aos seres humanos. Maria do Carmo B. de Faria escreve:

> O direito abrange as relações *entre* os diversos indivíduos – as relações que se estabelecem entre diversas liberdades para que seja possível estabelecer entre elas uma convivência pacífica que preserve e proteja o máximo de liberdade efetiva para cada um dos homens.[11]

Faço este apontamento para que, antes de ocupar nossas mentes com inquéritos, procedimentos jurídicos e sistemas prisionais, ocupemo-las com o direito à liberdade que devem fruir todos aqueles que verdadeiramente se preocupam com o bem comum, com os direitos e deveres alheios e próprios.

REFLEXÕES CONCLUSIVAS

Toda a história humana é um vasto painel de sombras e de luzes. No entanto, porque os aspectos sombrios nos impressionem mais, chegamos a negligenciar ocorrências luminosas como, por exemplo, a denominada "revolução tecnocientífica contemporânea", a qual atravessou todo o século XX e prossegue poderosamente neste XXI. Impossível, porém, apagar das nossas impressões o muito de guerras e genocídios que mancham nossa trajetória. E essas coisas submetem-nos à tentação da desistência, filha de um pessimismo quase apocalíptico. Impossível, porém, não ouvirmos a poderosa voz do filósofo alemão contemporâneo Ernst Bloch, cuja vasta obra foi cuidadosa e detalhadamente estudada pelo educador suíço Pierre Furter, retomando aspectos muito ricos do pensamento utópico.

O vocábulo "utopia" deriva da expressão grega *u topos*, a qual significa "aquilo que ainda não teve lugar". Ocorre que a expressão grega não tem voz de futuro (como "aquilo que não teve, não tem e nem *nunca terá* lugar"). Sublinhemos: utopia é aquilo que AINDA NÃO teve lugar. É das primeiras funções do pensamento utópico manifestar que o real não se esgota no imediatamente dado, pois se assim fora, como explicarmos as transformações históricas? Pierre Furter, interpretando Bloch, anota:

> Ao introduzir os possíveis, o pensamento utópico impede que nos contentemos apenas com a simples constatação científica do que existe, do que está. Nos obriga a explorar os possíveis concretos dos quais o real está prenhe.[12]

O próprio Ernst Bloch, em conferência, disse:

> A possibilidade não é um disparate. O mundo não está completamente determinado; em certo grau está aberto, como as condições meteorológicas de amanhã.[13]

Outra função do pensamento utópico é a de ser um instrumento objetivo para a exploração sistemática das possibilidades. Nesta função está a distinção entre fantasismo e utopia. Esta última propõe que se estude, com sistematicidade, os possíveis concretos ainda não alcançados. É certo que já se tenha tentado muitas alternativas, tanto quanto é certo que não se tenha tentado TODAS. Acusar o pensamento utópico de *falta de realismo* é não o haver entendido, pois ele deve ser julgado pelo seu grau de recusa das vigentes e sofridas realidades.

Pois bem. Sou da excêntrica opinião de que o século XXI ainda não começou. Matematicamente e nos calendários sim, começou. Mas do mesmo modo que muitos historiadores dizem que o século XX terá começado em 1914, vejo – como alhures tenho dito – que ainda estamos em plena zona de arrebentação dos piores vagalhões do século XX. Comungo com Ernst Bloch que "o mundo não está completamente determinado" e, por esta mesma razão, entendo que a ética (em retorno do seu exílio) muito poderá ainda fazer por tempos mais amigos, em todo o mundo e em nosso Brasil. É chegado o momento de cada um, em autoexame, perguntar-se: tenho sido um cidadão positivo e disposto para o meu povo? Ou me vejo na cilada infantil de me imaginar um supercidadão?

Constato, em alguns pensadores, um rígido indutivismo segundo o qual, como as coisas contemporâneas até aqui tenham apresentado mais dificuldades, isso induz a defluirmos que, quase inevitavelmente, tendem a piorar. Tal indutivismo não me convence; prefiro pensar, com o ensaísta Gilbert K. Chesterton, que o imprevisto seja das leis mais fundamentais do fluxo histórico. Eis por que aprecio muito uma passagem do nosso filósofo Rubem Alves, que diz:

> Aplicamos o estetoscópio no ventre do nosso presente momento histórico com a esperança de que ouçamos o bater do coração de um bebê, e resulta que não ouvimos absolutamente nada. Isto não significa necessariamente que não exista acontecimento criador em marcha, senão que alguma coisa não funciona bem em nosso estetoscópio.[14]

Desse modo, embora eu faça questão de nestas páginas trilhar caminhos analiticamente realistas, não chego a alguma visão apocalíptica sobre este nosso tempo. O ser humano é um ser de fragilidades, mas é também um ser de perfectibilidade. Tudo o que mais precisamos nesta altura é valorizar o *existir* ético; é "descobrirmos" o Brasil analiticamente sem adornar nossos equívocos e nem enfear nossas virtudes; a mais, necessitamos superar desigualdades mentais que ainda nos venham do longo escravismo, redescobrindo a grandeza do SERVIR.

Eis breves e simples reflexões que pretendemos que tenham substância ética, valendo – quem sabe? – para todas as áreas das nossas atividades, mas principalmente àqueles profissionais aos quais a vida deu a responsabilidade de exercerem cargos elevados. Sem uma cidadania respeitada, de que valeremos?

NOTAS

1 Max Scheler, *Visão filosófica do mundo*, São Paulo, Perspectiva, 1986, pp. 89-90.
2 Jean Beaufret. *Introdução às filosofias da existência*, São Paulo, Livraria Duas Cidades, 1976, passim.
3 Soeren Kierkegaard, *Tratado do desespero*, Brasília, Coordenada Editora de Brasília (1ª ed. bras. 1969).
4 Roger-Pol Droit, *Um passeio pela Antiguidade*, São Paulo, Difel, 2012.
5 Émile Durkheim, *Da divisão do trabalho social*, São Paulo, Martins Fontes, 1995, passim.
6 Darcy Ribeiro, *Os brasileiros: teoria do Brasil*, 8. ed., Petrópolis, Vozes, 1985, p. 98.
7 Paulo Bonavides, *Ciência política*, 4. ed., Rio de Janeiro, Forense, 1978.
8 Benjamin R. Barber, *Consumido: como o mercado corrompe crianças, infantiliza adultos e engole cidadãos*, Rio de Janeiro/São Paulo, Record, 2009.
9 Regis de Morais, *Cultura brasileira e educação*, Campinas, Papirus, 1989, p. 137.
10 Idem, *Ética da compaixão*, Campinas, Alínea, 2012, p. 73.
11 M. do C. B. de Faria, *Direito e ética*, São Paulo, Paulus, 2007, p. 135.
12 Pierre Furter, *Dialética da esperança*, Rio de Janeiro, Paz e Terra, 1974, p. 146.
13 Ernst Bloch, "O homem como possibilidade", em *Reflexão*, PUC-Campinas, v. I, n. 2, 1976, passim.
14 Rubem Alves, *Hijos del mañana*, Salamanca, Sígueme, 1986, passim (tradução minha).

BIBLIOGRAFIA

ALVES, Rubem. *Hijos del mañana*. Salamanca: Sígueme, 1986.
BARBER, Benjamin R. *Consumido*: como o mercado corrompe crianças, infantiliza adultos e engole cidadãos. Rio de Janeiro/São Paulo: Record, 2009.
BEAUFRET, Jean. *Introdução às filosofias da existência*. São Paulo: Livraria Duas Cidades, 1976.
BLOCH, Ernst. "O homem como possibilidade". In: *Reflexão* (PUC-Campinas), v. I, n. 2, 1976.
BONAVIDES, Paulo. *Ciência política*. 4. ed. Rio de Janeiro: Forense, 1978.
DURKHEIM, Émile. *Da divisão do trabalho social*. São Paulo: Martins Fontes, 1995.
FARIA, M. do C. B. de. *Direito e ética*. São Paulo: Paulus, 2007.
FURTER, Pierre. *Dialética da esperança*. Rio de Janeiro: Paz e Terra, 1974.
KIERKEGAARD, Soeren. *Tratado do desespero*. Brasília: Coordenada Editora de Brasília (1ª ed. bras. 1969).
MORAIS, Regis de. *Cultura brasileira e educação*. Campinas: Papirus, 1989.
______. *Ética da compaixão*. Campinas: Alínea, 2012.
RIBEIRO, Darcy. *Os brasileiros*: teoria do Brasil. 8. ed. Petrópolis: Vozes, 1985.
SCHELER, Max. *Visão filosófica do mundo*. São Paulo: Editora Perspectiva, 1986.

ÉTICA E ESFERA PÚBLICA

Sergio Paulo Rouanet

Nossa vida pessoal e interpessoal é atravessada por normas e valores éticos, por imperativos e exigências morais, mesmo quando não obedecemos a seus preceitos. Até o sentimento de culpa pela inobservância das normas mostra que somos seres morais. Isso é válido, pelo menos, no que diz respeito à esfera privada. E a esfera pública?

Essa esfera abrange, em primeiro lugar, o universo da economia, e nesse caso o que está em jogo é saber se os atores econômicos estão sujeitos aos mesmos princípios de probidade e veracidade que em princípio regem as relações pessoais.

Quanto à probidade, é óbvio que sem a observância de algumas das normas elementares que a asseguram na moral comum, as relações econômicas seriam impossíveis. Se não houvesse a expectativa mínima de que a palavra dada seria respeitada, de que não seriam omitidas informações relevantes sobre o estado do bem a ser adquirido ou sobre o serviço a ser prestado, ou de que não seriam utilizadas práticas desleais para obter vantagens competitivas, nenhuma transação seria viável. Mas esse é apenas um dos lados da questão. Se dermos crédito a Marx, o sistema capitalista como um todo repousa numa imoralidade fundadora, a produção da mais-valia, que nada mais é que o trabalho não pago, o que configura uma espoliação institucionalizada. Mas não precisamos ser marxistas para duvidar que a probidade seja a virtude básica do sistema capitalista. Depois das revelações dadas a público em decorrência da atual crise econômica, tem-se a impressão de que a economia global só tem condições de funcionamento "normal" se dirigida por megaexecutivos que não hesitem em recorrer a práticas fraudulentas para justificar seus megassalários. Nesse caso, a improbidade deixaria de ser uma anomalia do sistema para se transformar num atributo que lhe é inerente.

Quanto à veracidade, ela é necessária, dentro de certos limites, porque a mentira sistemática seria disfuncional para o estabelecimento do clima de confiança mínima que deve governar as relações entre os atores. Mas não é de fácil implantação, porque ultrapassados esses limites, a transparência entraria em choque com o imperativo de confidencialidade exigido nas relações com as empresas concorrentes, numa economia altamente competitiva.

Mas a esfera pública abrange, sobretudo, a política. Como no caso anterior, a questão é saber se a política deve ou não submeter-se às mesmas normas morais que valem na esfera privada; se existe uma só moral, válida para a esfera particular e para a política, ou se esta é regulada por uma normatividade própria.

As igrejas cristãs, e principalmente o Papado, tenderam a favorecer a primeira alternativa: sim, a política está sob a jurisdição da moral.

Numa perspectiva leiga, o autor que levou mais longe a defesa da supremacia da moral foi Kant. Em seu tratado sobre *A paz perpétua,* ele distingue entre o *político moral*, para quem os princípios da prudência política são harmonizáveis com a moral e age de acordo com essa convicção, e o *moralista político*, que forja para si uma doutrina moral *ad hoc,* variável segundo suas conveniências. O político ideal, para Kant, é aquele que possui tanto a sabedoria prática do estadista experiente quanto a capacidade de agir moralmente em todas as circunstâncias, segundo as leis da liberdade. O moralista político segue o preceito evangélico de ser astuto como a serpente, enquanto o político moral acrescenta a esse preceito o de ser inocente como uma pomba. Não há conflito possível entre os dois preceitos, porque, mesmo que nas condições atuais da sociedade eles pareçam contradizer-se, é ainda obedecendo aos princípios da moral que o estadista procura resolver o aparente dilema, lutando com todas as suas forças para garantir o advento do estado de coisas em que as leis da liberdade prevaleçam sobre o reino da necessidade.

A posição oposta – a subordinação da moral à política – foi defendida sobretudo por Maquiavel, cujo Príncipe foi o modelo do moralista político de Kant. Com Maquiavel, a política se emancipava da moral: a principal obrigação do Príncipe era salvaguardar o Estado, c ncssc scntido a ação política não podia ser julgada pelas regras extrapolíticas da moral, e sim pelo critério político da eficácia, medida pela maior ou menor utilidade dessa ação para alcançar o bem do Estado. Os totalitarismos modernos são, nesse sentido, puramente maquiavélicos: moral é tudo aquilo que sirva os objetivos do Estado. Isso não significa, é claro, que a moral individual tenha perdido a sua relevância: ao contrário, os partidos e governos totalitários, por mais imunes que se proclamem à moral comum, muitas vezes são puritanos e exigentes com relação à vida privada dos seus cidadãos e à sua lealdade e devotamento cívico. Paradoxalmente, os regimes *amorais* se tornam *moralistas*.

Não podemos manter-nos neutros nessa controvérsia. Sem dúvida, a atividade política, sendo competitiva por natureza, está sujeita a regras próprias, que regulam o modo de alcançar e manter o poder, e nesse sentido diferem da moral comum, aplicável à vida privada. Mas diferença não significa necessariamente oposição. Há pelo menos uma forma específica de política que não pode dar-se ao luxo de dispensar uma conexão com a moral comum: a política democrática.

Segundo Montesquieu, cada tipo de regime político é governado por um princípio próprio. Esse princípio é a honra no caso da monarquia. E é o medo no caso do despotismo. Nesses dois regimes, pode-se admitir a dissociação completa entre a política e a moral comum. O mesmo não acontece no terceiro regime, a república, cujo princípio constitutivo é a virtude. Não se trata da *virtù*, no sentido de Maquiavel, qualidade extramoral que designa apenas a competência do soberano como líder político, nem da virtude no sentido cristão. Montesquieu está pensando principalmente na virtude antiga, na virtude cívica da *polis* grega ou da *urbs* romana. *Mutatis mutandis*, podemos aplicar à democracia o que Montesquieu diz sobre a república. A democracia exige a prática da virtude cívica, e esta, por sua vez, se apoia em certas virtudes ancoradas na moral comum. São, essencialmente, as mesmas que examinamos antes: a probidade e a veracidade.

A probidade é fundamental para garantir a própria sobrevivência da democracia, que depende da confiança dos governados na honestidade dos seus mandatários. No Brasil, os índices sem precedentes de corrupção em nossa classe política, associada à percepção por parte da opinião pública de uma impunidade generalizada, levam a um radical descrédito das instituições republicanas e preparam a população para uma solução antidemocrática.

Um dos indícios do declínio da cultura democrática no Brasil é a convicção geral entre os políticos de que a prática da caixa 2 é um delito menor. Ora, o principal efeito da caixa 2 é subtrair à opinião pública dados sobre quem financia a campanha política dos vários candidatos, sonegando informações que permitiriam controlar a integridade dos detentores de cargos eletivos, e verificar com isso se suas posições são de fato independentes, ou se são distorcidas pelos interesses dos doadores. A prática da caixa 2 não é necessariamente um atentado contra o bolso dos contribuintes, mas é um atentado muito pior, dirigido contra um dos pilares da democracia, a *accountability* (por que será que essa palavra não existe em português?), a obrigação de prestar contas, de submeter-se ao escrutínio e ao controle do eleitor. A exigência da *accountability* é frustrada, igualmente, quando os parlamentares se escondem atrás do voto secreto para acobertar sua participação em votações escandalosas, ignorando o direito dos eleitores de serem informados sobre cada ato que seus representantes executam no exercício dos seus mandatos. Tudo isso alimenta na opinião pública uma indulgência resignada quanto às acusações de corrupção: todos os políticos roubam.

A segunda virtude essencial numa democracia é a veracidade. É uma virtude decisiva, porque todo processo democrático supõe um conhecimento tão completo quanto possível dos fatos, como base para uma decisão popular válida. Nos países totalitários, os fatos são simplesmente suprimidos. Por exemplo, na União Soviética toda referência ao papel de Trotski na Revolução de Outubro foi suprimida nos livros de História. Para Hitler, foi a Polônia que invadiu a Alemanha, e não o contrário. A população inteira da Alemanha nazista acreditou piamente na versão oficial de que fora um comunista que havia incendiado o Reichstag, e não o próprio regime. Nos países não totalitários, a mentira assume formas mais sutis. Há a mentira da ideologia, que na tradição marxista tem como efeito mascarar os fatos e suas relações recíprocas. Há a mentira das verdades parciais, muito comum entre os que usam argumentos estatísticos para exagerar suas realizações e desqualificar as realizações dos adversários. Há a mentira induzida pelos especialistas em publicidade. O marketing político transforma pessoas e acontecimentos em produtos vendáveis, como se fossem marcas de cerveja. Por exemplo, ele conseguiu, no Brasil, transformar o líder sindical barbudo que gelava de pavor a burguesia no "Lulinha paz e amor". Talvez o modo mais insidioso de impedir o acesso da opinião pública à verdade seja converter os fatos em meras opiniões, como fizeram na Alemanha do pós-guerra os historiadores "revisionistas" que converteram o fato do Holocausto numa opinião sobre a existência do Holocausto.

Algo de absolutamente idêntico ocorreu no Brasil com relação ao chamado "valerioduto", cujos principais episódios tivemos a oportunidade de reviver há poucos dias graças ao recente julgamento dos "mensaleiros" pelo Supremo Tribunal Federal. O fato do mensalão foi transformado numa opinião sobre a existência do mensalão. Os fatos não foram expulsos, e sim "desfactualizados", convertendo-se em pontos de vista subjetivos, que competem, na arena da opinião, com milhares de outros pontos de vista. O processo de desfactualização fez com que aparentemente se evaporassem na consciência do público todos os fatos que apontavam para a responsabilidade do Executivo em episódios de corrupção e desvio de recursos públicos, e todos os fatos que incriminavam membros do poder Legislativo envolvidos em acusações de compra de votos, muitos deles reeleitos com votações expressivas. Mas o mais perturbador não foi tanto que os fatos tenham sido esquecidos ou transformados em simples opiniões, mas a suspeita de que eles tenham sido considerados irrelevantes, ou, mais radicalmente, de que tenha se eclipsado, de todo, a fronteira entre a verdade e mentira, com base no clichê, não de todo falso, de que "todos os políticos mentem".

Se a veracidade é rara na política interna, ela é quase inexistente na política externa. Nesta, não somente a veracidade não é obrigatória, como é antiético divulgar a verdade. O presidente dos Estados Unidos não se julga obrigado a reconhecer que a CIA tem uma lista negra de ativistas que devem ser assassinados: são segredos de Estado, *arcana imperii,* na verdade segredos de polichinelo, porque o mundo inteiro sabe de sua existência. E não nos esqueçamos das alegações patéticas inventadas pelo governo Bush para justificar a invasão do Iraque. De novo, essas anomalias apontam para um déficit de democracia, dessa vez no âmbito internacional, e elas continuarão existindo enquanto uma democracia mundial não disciplinar o "estado de natureza" em que vive ainda hoje a sociedade internacional.

Para esclarecer melhor esse assunto, podemos continuar seguindo uma trilha kantiana. Na linha de sua filosofia transcendental, Kant identifica a condição formal, independente de conteúdos empíricos, para que uma ação política seja considerada imoral: ela não é susceptível de tornar-se pública. "Todas as ações que afetem os direitos de outras pessoas", diz Kant, "cuja máxima seja incompatível com a publicidade, são injustas." Mas como a intenção de respeitar esses direitos somente atingirá seu objetivo de tranquilizar os interessados se se tornar pública, esse preceito pode ter uma formulação positiva: "Todas as máximas que *necessitam* da publicidade para que seu objetivo não se frustre, se harmonizam tanto com o direito como com a política." Será o reino da democracia veraz. Se ela se materializar um dia, é possível que Julian Assange, fundador da WikiLeaks, seja reconhecido como seu herói tutelar, assim como George Washington, o homem que nunca mentiu, foi o herói tutelar da mesma democracia nacional que hoje é a principal defensora da diplomacia secreta.

Mas, a meu ver, a discussão mais realista da relação entre a verdade e a política não foi feita por Kant, e sim por Hannah Arendt.

Ela tratou esse tema em várias ocasiões, mas de modo mais específico em dois ensaios, um intitulado "Verdade e política", incluído em *Entre o passado e o futuro,* e outro intitulado "Mentindo na política: reflexões sobre os papéis do Pentágono", incluído em *Crises da República.*

A autora constrói o primeiro ensaio, provocativamente, em torno de duas teses aparentemente contraditórias: a verdade é indispensável na esfera política, e a verdade é uma categoria extrapolítica.

Ela é indispensável na vida política, porque o espaço público é aquele em que os homens aparecem, para si mesmos e para os outros, em que eles se revelam, pela palavra e pela ação, o que pressupõe uma realidade estável atrás do fluxo contínuo das aparências e pessoas dispostas a dizer a verdade sobre o ser, como Heródoto se propôs fazer, *légein ta onta,* dizer o que é, sem o que as palavras seriam vazias e os feitos, mudos.

E, no entanto, a verdade não está em segurança no espaço público.

No mundo antigo, essa insegurança se manifestava no antagonismo entre a pólis e a verdade filosófica. Era o conflito entre dois modos de vida, o do cidadão, voltado para a *doxa,* para a opinião, sempre variável, sobre os assuntos humanos, e o do filósofo, votado para a contemplação das essências, permanentes e imutáveis. O conflito é ilustrado, metaforicamente, no mito da caverna, quando o filósofo, depois de ter contemplado a verdade das ideias, volta ao convívio dos homens e fracassa em sua tentativa de transmitir-lhes o verdadeiro conhecimento. E é ilustrado, historicamente, na morte de Sócrates, vítima do ressentimento dos seus concidadãos.

Hoje o antigo antagonismo, que parecia superado, volta à cena, mas agora não mais sob a forma de um conflito entre a política e a verdade filosófica, mas entre a política e a verdade factual. O antigo conflito era de certo modo natural, porque a verdade filosófica e a política pertencem realmente a duas esferas distintas: a verdade filosófica é contemplativa e solitária, a política é prática e pluralista. O mesmo não acontece no caso da verdade factual. Ela tem sempre a ver com outras pessoas, inclui circunstâncias e acontecimentos em que muitos estão envolvidos, é estabelecida por testemunhas, e só existe na medida em que se fala sobre ela, mesmo quando ocorre no domínio da vida privada. É, portanto, política por natureza, pertence ao mesmo reino que a política.

É certo, entretanto, que se a verdade factual não se opõe ao político em sua natureza, difere dele em seu modo de asserção. A verdade traz sempre consigo um elemento de violência. Não se pode argumentar nem sobre um teorema nem, hoje em dia, sobre a tese de que a Terra se move em torno do Sol, e por isso, se assumirmos o ponto de vista da política, Euclides e Galileu teriam que se vistos como déspotas. E isso porque de modo geral a verdade é afirmada sem que se leve em consideração o ponto de vista dos outros. Ora, a essência do pensamento político é ser representativo. Para Arendt, formamos nossa opinião representando pela imaginação as perspectivas de diferentes atores, o que significa que a opinião é tanto mais válida quanto mais numerosas são as perspectivas que incluo em minha reflexão. É isso que assegura a qualidade do julgamento político. Em matéria de opinião, precisamos percorrer um largo caminho até chegarmos a uma generalidade imparcial. Sem dúvida, as opiniões deveriam basear-se em fatos, mas esses fatos só atingem o plano da opinião política quando passam por esse processo discursivo e representativo. Sem esse procedimento representativo, a mera afirmação da verdade não pode ser considerada um ato político.

Há uma segunda razão pela qual a afirmação da verdade não é um ato político: quem diz o que é não está mudando nada, o que contradiz a natureza da ação política, que sempre quer mudar algo no mundo. O mesmo não acontece no caso da mentira. A mentira é uma tentativa de negar ou alterar os fatos, e como toda ação política significa justamente isso – mudar o mundo e suas circunstâncias –, o mentiroso age politicamente, o que não acontece a quem conta a verdade factual. Quem diz que a Alemanha invadiu a Polônia em 1939, está dizendo o que foi, no sentido de Heródoto, e portanto não está agindo politicamente. Mas quando Hitler disse que a Polônia é que tinha invadido a Alemanha estava agindo politicamente, porque era uma tentativa de mudar os fatos. O mentiroso é um homem de ação, o que o homem verídico não é. O homem verídico só se transforma em ator político quando invoca a verdade no interesse de um grupo ou de um partido, mas nesse momento a verdade se transforma em opinião. Enquanto opinião, a verdade factual está sujeita, para ser comprovada, ao depoimento de testemunhas, muitas vezes desonestas, à apresentação de documentos, que podem ser falsificados etc. Acresce que essa opinião passa a competir com outras opiniões, baseadas na mentira factual, e talvez estas sejam mais persuasivas, porque a realidade nem sempre é coerente, e o mentiroso, não sendo obrigado a respeitar os fatos, pode contar histórias mais plausíveis. O mentiroso está numa posição inversa à do historiador. Este em geral é determinista, acredita numa causalidade que rege o processo histórico, ao passo que o mentiroso parte do princípio da radical contingência de todos os fatos: o que aconteceu sempre poderia ter acontecido de outro modo. A falsa versão é apenas uma das virtualidades do acontecer histórico, que realmente poderia ter-se dado, em sua contingência, segundo o *script* imaginado pelo mentiroso. Para Arendt, nossa capacidade de mentir é uma das provas de nossa liberdade.

Em suma, sem a verdade, não há espaço público estável, mas de onde vem a verdade, se não parece haver lugar para ela no espaço público?

A resposta de Hannah Arendt é que a verdade vem de alhures. Ela afirma que a verdade é produzida num espaço extrapolítico, nos tribunais e nas universidades, sobretudo na área das humanidades. O papel dessas instituições é descrever as coisas como elas são, dedicando-se "à busca desinteressada da verdade". A verdade está extramuros, longe da ágora, mas é a condição de possibilidade do espaço político.

No segundo ensaio, Hannah Arendt comenta os "papéis do Pentágono", uma seleção de documentos ultrassecretos sobre a Guerra do Vietnã, editada sob a responsabilidade do *New York Times.* A questão básica suscitada por esses documentos, segundo Arendt, é a mentira deliberada, a intenção consciente de enganar o público, o Congresso, o Presidente da República, e as próprias autoridades militares, num leque de falsidades que iam desde a subestimação do número de baixas americanas e a superestimação de perdas do Vietkong até relatos inverídicos sobre os efeitos militares dos bombardeios aéreos no Vietnã do Norte. Essas mentiras contrastavam com os informes da CIA e outras instituições de inteligência, quase sempre exatos, e que não davam nenhum apoio factual para teorias delirantes como a famosa teoria dos dominós, segundo a qual a queda do Vietnã do Sul acarretaria a queda de outros países asiáticos. Arendt responsabiliza por essas mentiras de massa os fabricantes de imagens, que achavam ter condições de influenciar "as mentes e corações" dos habitantes da antiga Indochina com as mesmas técnicas usadas pelos publicitários da Madison Avenue para influenciar consumidores, e os "solucionadores de problemas", que reduziam a realidade a cálculos matemáticos e faziam recomendações abstratas totalmente divorciadas do mundo real. Esses "solucionadores de problemas" eram herdeiros dos velhos teóricos do início da Guerra Fria, às vezes antigos comunistas que substituíam o marxismo pelo anticomunismo como ideologia capaz de blindá-los contra a realidade.

O que dizer, agora, da relevância contemporânea dessas ideias?

Hannah Arendt tinha um hábito bem europeu, desconcertante para os professores universitários americanos, de intervir ativamente na arena política, pronunciando-se sobre todos os assuntos de atualidade, como a Guerra do Vietnã, a integração racial, ou a rebelião estudantil de 1968. Hoje ela seria uma velha dama de 106 anos, mas duvido que a idade a impedisse de comentar temas atuais, se estivesse viva. Ela certamente consideraria sua teoria da verdade aplicável à Guerra do Iraque, conduzida com base num arsenal de mentiras de dar inveja aos mestres-manipuladores que colaboraram nos "Papéis do Pentágono", entre as quais a mentira de que Saddam Hussein possuía armas de destruição em massa e a de que a Al-Qaeda estava por trás dos ataques às Torres Gêmeas.

E que diria ela sobre o escândalo do mensalão, o mais recente exemplo de distorção sistemática da verdade na esfera política?

Creio que ela não ficaria muito preocupada com a supressão da verdade em si mesma. Afinal, como ela nunca deixava de insistir, a veracidade não é uma virtude política. A política é regida por regras outras que as que governam a vida privada ou a atividade científica. Mas mesmo se admitirmos isso, a mentira não pode ultrapassar um certo limiar sem subverter inteiramente a base de toda política. Em condições normais, não existe esse risco, primeiro porque os fatos, em sua teimosia, acabam por aflorar, por mais que se tente suprimi-los, e segundo porque nas mesmas condições normais existem redutos institucionais, fora do terreno político, que funcionam como "santuários" onde a verdade pode encontrar abrigo.

O que talvez inquietasse Hannah Arendt fosse o temor de que a crise brasileira tivesse ultrapassado a fronteira das "condições normais". Uma coisa é a mentira que pode ser desmascarada na própria arena política, com base em argumentos fundados na verdade factual, e outra a mentira estrutural, sistemática, que expulsa radicalmente os fatos ou os torna invisíveis. Essa mentira estrutural é própria dos países totalitários, cujo aparelho de propaganda transforma fatos em não fatos. Mas há algo de equivalente nos países democráticos, em grande parte manipulados pelos especialistas em relações públicas, que tentam vender imagens do mesmo modo que vendem marcas de cerveja. A estratégia, nesse caso, é como vimos a de transformar fatos em meras opiniões, a fim de produzir uma "desfactualização", tão completa quanto possível, o exorcismo completo da verdade factual.

A desfactualização ocorrida no Brasil certamente não foi do tipo totalitário, por maiores que tenham sido as tentativas, felizmente frustradas, de pôr limites à imprensa livre, sem a qual toda verdade corre o risco de transformar-se em verdade de Estado. Mas não há dúvida de que ela ocorreu, em parte por ação dos mesmos personagens tão temidos por Hannah Arendt, os "marqueteiros". Eles mudaram a imagem de Lula, transformando-o numa espécie de santo leigo. E mudaram a imagem de Alckmin, que passou a chamar-se Geraldo para que seu nome adquirisse uma sonoridade popular mais aconchegante.

Eis o que Hannah Arendt tem a dizer a respeito em seu ensaio sobre "A verdade na política":

> O resultado de uma substituição sistemática e total da verdade factual por mentiras não é que as mentiras venham a ser aceitas como verdades, nem que as verdades sejam difamadas como mentiras, mas que o sentido pelo qual nós nos orientamos do mundo real – e a categoria da verdade versus a falsidade está entre os meios mentais para alcançar esse fim – está sendo destruído.

No ensaio sobre "Os papéis do Pentágono", Hannah Arendt volta ao assunto, esclarecendo que a fronteira entre as circunstâncias normais e as "outras" é atravessada quando a audiência à qual se dirigem as mentiras passa a ignorar de todo a distinção entre a verdade e a falsidade, quando a "verdade na qual se pode confiar desaparece inteiramente da vida pública, e com ela o principal fator de estabilização na esfera sempre mutável das ações humanas."

Com isso, a democracia fica seriamente comprometida, tanto em sua versão "agregativa" como em sua versão "deliberativa". Na primeira, os eleitores submetem suas preferências diretamente à decisão majoritária. Na segunda, espera-se que antes de uma decisão majoritária haja um processo contínuo de consultas pelo qual os cidadãos justifiquem suas preferências diante dos líderes e estes justifiquem suas decisões diante dos cidadãos. Para que uma decisão seja considerada democrática, na primeira versão, os cidadãos precisam estar plenamente informados sobre todos os fatos relevantes – por exemplo, os danos ambientais resultantes da construção de uma represa ou de uma usina atômica. O ocultamento da verdade factual, nesse caso, invalida a decisão majoritária. Quanto à segunda versão, mencionarei apenas a variante defendida por

Jürgen Habermas, autor da teoria da ação comunicativa (em parte baseada em Hannah Arendt, mas isso é outra questão) para a qual cada ato de interlocução supõe várias pretensões de validade, como a de que uma afirmação sobre fatos é verdadeira ou a de que uma recomendação normativa é justa. Entre essas pretensões de validade, a mais fundamental é a expectativa de *veracidade* por parte do interlocutor (*Wahrhaftkeitsanspruch*). Se parto do princípio de que ele será inverídico, a relação comunicativa é impossível. Nesse caso, nenhuma justificativa é aceitável, e cai por terra o fundamento da democracia deliberativa.

Kant foi um dos poucos filósofos a sustentar a posição de que a mentira era sempre injustificável, mesmo que fosse para salvar uma vida humana. Hannah Arendt foi mais realista, admitindo a "normalidade" da mentira na política, dentro de certos limites. Mas num ponto Arendt concorda com Kant: ultrapassados esses limites, a mentira não prejudica apenas seu destinatário direto, mas a humanidade inteira. Para Kant, a mentira pode conduzir a um estado de coisas em que ninguém acredite em nenhuma afirmação, e com isso "todos os direitos que se baseiam em contratos são anulados e perdem sua força, o que é uma injúria infligida à humanidade como um todo." Para Arendt, o que está em jogo na mentira sistemática é a impossibilidade, para o gênero humano, de sobreviver num mundo público durável sem a crença na permanência do ser e sem o testemunho de homens capazes de atestar o que é.

Restam os "santuários" onde a verdade está foragida – os tribunais e a universidade. O já mencionado julgamento pelo Supremo Tribunal Federal (STF) dos réus do mensalão foi sob vários aspectos exemplar, confirmando a opinião de Arendt sobre o papel positivo do Judiciário na busca imparcial da verdade. Sob certas reservas, o mesmo pode ser dito das universidades. O que falta acrescentar é que se a verdade factual é gerada ou confirmada nesses santuários, é no espaço político que ela se manifesta e difunde. Quanto mais sejam invocados na cena política fatos verídicos ou verificáveis, mais distante se torna o perigo de que se apague a linha divisória entre a mentira e a falsidade. Sem a consciência dessa diferença, não há espaço político, e certamente não há política democrática. Como

Hannah Arendt escreveu, "podemos chamar de verdade, conceitualmente, aquilo que não podemos mudar; metaforicamente, é o chão que pisamos e o céu que se estende sobre nós".

É tempo de concluir. A relação entre a moral comum e o espaço público, em suas duas esferas - a economia e a política -, é ambivalente. Por um lado, essa relação exclui a moralização completa do espaço público, porque tanto a economia como a política estão sujeitas a regras próprias, irredutíveis à moralidade comum. Querer submetê-las a um moralismo *à outrance* é regredir à Idade Média, que condenava o lucro, ou aderir ao fundamentalismo religioso, que condena a moral profana e o Estado leigo. Mas por outro lado, não é concebível uma disjunção completa entre a moral comum e o espaço público, pois tanto a economia quanto a política necessitam de pelo menos duas virtudes da moral comum - a probidade e a veracidade.

Para a economia, isso só pode ser alcançado por uma sinalização clara por parte da sociedade e do Estado de que não serão toleradas práticas que transgridam de modo socialmente inaceitável os valores da probidade e da veracidade. Isso pressupõe a transformação pelo menos parcial da moralidade na legalidade, da moral no direito, pois sem alguma força coercitiva esse objetivo não poderia ser alcançado.

O mesmo pode ser dito para a política, cuja reforma exige uma "juridização" considerável da moral. Mas sem moralidade, a melhor das reformas pode ser burlada. O que iria de fato ao cerne da questão seria o estabelecimento de uma relação reversível entre representantes e representados, pela qual as práticas imorais dos eleitos, de tão banalizadas, deformam a consciência moral dos eleitores, e estes, em vez de punirem os transgressores com a arma do voto, não veem nenhum problema em reelegê-los. Esse círculo vicioso só pode ser rompido por uma ação simultânea nos dois polos do circuito.

No polo dos eleitos, trata-se de agir, pela reforma política, pela fiscalização e pela eliminação da impunidade, para estimular aqueles valores da moral comum que contribuem mais diretamente para a virtude cívica - a probidade e a veracidade. Com isso, os maus exemplos vindos de cima deixariam de "corromper" os eleitores. E trata-se de agir, no polo dos eleitores, adotando medidas redistributivas efetivas entre as pessoas de baixa renda e dando-lhes acesso pleno a uma educação de qualidade. Com isso, haveria entre os representados um maior apreço às virtudes da moral comum que estão na base da virtude cívica, o que por sua vez estimularia os representantes a corresponderem a essas novas expectativas. O círculo vicioso se transformaria num círculo virtuoso.

Tudo isso seria lamentavelmente ingênuo se não existisse uma terceira virtude, talvez a maior de todas, a virtude da esperança. Ela nos salva do cinismo, e permite antever um futuro em que a política e a moral, sem se confundirem, deixem de seguir caminhos divergentes.

O PÁLIDO CRIMINOSO NO VEREDITO DO DR. FREUD

Oswaldo Giacoia Junior

A exterioridade do olhar que guia este livro autoriza e legitima um tratamento da questão da ética da magistratura à luz da metapsicologia de Freud e da genealogia da moral de Nietzsche, tanto mais quanto esse tipo de perspectiva teórica e metodológica pode oferecer uma contribuição relevante para a reflexão a respeito de questões cruciais da teoria do Direito e da Justiça. Admitida essa pressuposição, cabe referência a um texto curto e extraordinariamente denso, no qual Freud elabora e sistematiza alguns dos principais resultados de sua interpretação da figura e da literatura de Dostoievski, fazendo-o com recurso à crítica de Nietzsche à moral e à religião. Como quase sempre, a base da reflexão metapsicológica de Freud integra elementos seguros, advindos da prática clínica psicanalítica. A formatação compacta do pequeno artigo, bem como a extrema condensação de diferentes conceitos psicanalíticos basilares num texto marcadamente econômico, em termos de extensão e estilo literário, são circunstâncias que justificam sua extensa transcrição, por imperativo de clareza e suficiência argumentativa.

Com frequência, pessoas muito decentes relataram-me mais tarde, em narrativas sobre sua juventude, em particular sobre os anos da pré-puberdade, ações proibidas das quais outrora sentiram-se culpadas: furtos, mentiras, e mesmo a provocação de incêndios. Eu costumava então passar por alto tais afirmações, na confiança de que conhecemos bem as fraquezas das inibições morais próprias àquele tempo da vida, e não tentava inseri-las numa conexão mais significativa. Todavia, por fim, fui desafiado para um estudo mais aprofundado de tais ocorrências, por casos claros e analiticamente mais expressivos, nos quais esse tipo de delito fora praticado num tempo em que os pacientes encontravam-se sob meu tratamento, casos de pessoas que tinham ultrapassado aqueles anos juvenis. Nesses casos, o trabalho analítico trouxe então como resultado surpreendente que tais feitos tinham sido perpetrados, sobretudo porque eram proibidos, e porque sua execução estava ligada a um alívio psíquico para o autor.

[...] [Tratava-se da] ação de uma opressiva consciência de culpa, cuja origem era ignorada pelo paciente; todavia, depois de ter praticado algum delito, a pressão diminuía. Pelo menos de algum modo, a consciência de culpa restava mitigada. Por paradoxal que isso possa soar, tenho de afirmar que a consciência de culpa era anterior ao delito; que a consciência de culpa não brotou do delito, mas inversamente o delito brotou da consciência de culpa. Com todo direito, bem poderíamos designar essas pessoas como delinquentes por consciência de culpa. A pré-existência do sentimento de culpa ficara evidente por meio de toda uma série de outras manifestações e efeitos. É certo que a constatação de uma curiosidade qualquer não fixa meta para o trabalho científico. No entanto, há que se responder a duas perguntas ulteriores: 1) de onde provém o obscuro sentimento prévio de culpa, de todo modo anterior à comissão do ato; 2) seria plausível a hipótese de que essa espécie de causação tivesse uma participação muito mais expressiva na comissão de delitos do que usualmente pensamos?

A resposta à primeira pergunta prometia uma informação sobre a fonte, em geral, do sentimento humano de culpa. O resultado regular do trabalho analítico demonstra que esse obscuro sentimento de culpa provém do *complexo de Édipo*, que seria uma reação aos dois grandes propósitos delituosos: matar o pai e relacionar-se sexualmente com a mãe. Com efeito, em comparação com esses dois, os delitos praticados para fixação do sentimento de culpa são alívios para o castigado. Temos de nos lembrar aqui que o parricídio e o incesto são os dois grandes delitos dos homens, os únicos que, nas sociedades primitivas, eram perseguidos e execrados como tais. Temos de nos recordar também da proximidade a que chegamos, com outras investigações, da hipótese de que foi no *complexo de Édipo* que a humanidade adquiriu sua consciência moral, que surge então como potência psíquica herdada.

> A resposta à segunda pergunta vai além do trabalho psicanalítico. Podemos observar sem dificuldades, em crianças, que estas tornam-se "piores" para provocar o castigo; e, depois da penalização, tornam-se sossegadas e satisfeitas. Com frequência, uma investigação analítica posterior nos conduz às pegadas do sentimento de culpa, que as impelia a buscar o castigo. Na maioria dos delinquentes, para os quais propriamente foram feitas os preceitos penais, tal motivação do delito pode muito bem entrar em consideração, esclarecer alguns pontos obscuros na psicologia do delinquente, e dar uma nova fundamentação psicológica para a pena. Um amigo chamou-me então a atenção para que o "delinquente por sentimento de culpa" também era conhecido de Nietzsche. A pré-existência do sentimento de culpa e a utilização do ato para racionalização do mesmo cintilam para nós a partir do discurso de Zaratustra "*Sobre o Pálido Delinquente*". Deixemos à pesquisa futura decidir quantos delinquentes devem ser computados entre esses "pálidos".[1]

O personagem do delinquente por sentimento de culpa é evocado por Nietzsche num conhecido capítulo de *Assim falou Zaratustra,* cuja exegese levou alguns comentadores a sustentar a hipótese de que Nietzsche teria lido o romance *Crime e castigo,* de Dostoievski, o que, todavia, até o presente não encontrou atestação nos escritos inéditos pertencentes ao espólio filosófico de Nietzsche. No primeiro tomo de *Assim falou Zaratustra,* no capítulo dedicado ao criminoso pálido, encontra-se o trecho relevante para as análises de Freud, do qual destaco alguns segmentos:

> Não quereis matar, ó juízes e sacrificantes, antes que o animal tenha inclinado a cabeça? Vede, o criminoso pálido inclinou a cabeça: em seus olhos, fala o grande desprezo. "Meu eu é algo que deve ser superado: meu Eu é o grande desprezo do homem": assim falam esses olhos. Julgar a si mesmo foi seu grande momento: não deixeis que o sublime retorne à sua baixeza! Não há redenção para aquele que assim sofre consigo, a não ser uma morte rápida. Quando matardes, ó juízes, que seja por compaixão, não por vingança. E, ao matar, cuidai vós mesmos de justificar a vida! Não basta que vos reconcilieis com aquele que matais. "Inimigo", deveis dizer, mas não "malvado"; "doente" deveis dizer, mas não "patife"; "tolo", mas não "pecador". E tu juiz vermelho, se dissesses em voz alta o que já fizeste em pensamentos, todos gritariam: "Fora com esse imundo, com esse verme venenoso"! Mas uma coisa é o pensamento, outra é o ato, e ainda outra, a imagem do ato. A roda da causalidade não gira entre eles.

> Uma imagem fez empalidecer esse homem pálido. Ele era da mesma altura de seu ato, quando o realizou; mas não lhe suportou a imagem depois de realizado. Desde então sempre se viu como autor de um único ato. A isso chamo de loucura: a exceção se converteu em essência para ele. O traço no chão enfeitiça a galinha; o golpe que ele cometeu enfeitiçou sua pobre razão – a isso chamo de loucura *após* o ato. Escutai, ó juízes! Há ainda outra loucura: aquela *antes* do ato. Ah, para mim não descestes fundo o bastante nessa alma! O que é esse homem? Um emaranhado de serpentes selvagens, que raramente têm sossego estando juntas – então saem, cada qual por si, em busca de presas pelo mundo. Vede esse pobre corpo! O que ele sofreu e desejou, essa pobre alma interpretou para si – interpretou como prazer assassino e anseio pela felicidade da faca. Quem agora adoece, é assaltado pelo mal que agora é mau: quer causar dor com aquilo que lhe causa dor. Mas houve outros tempos, e outro mal e outro bem. Outrora era má a dúvida, e a vontade de Si mesmo. Naquele tempo, o doente se tornou herege ou feiticeira: como herege ou feiticeira, sofreu e quis sofrer.
>
> Mas isso não entra em vossos ouvidos: prejudica os bons entre vós, dizeis. Mas que me importam os bons entre vós? Muita coisa em vossos bons me causa nojo, e, verdadeiramente, não o seu mal. Quisera eu que tivessem uma loucura da qual perecessem, como esse pálido criminoso! Quisera eu, verdadeiramente, que sua loucura se chamasse verdade, ou fidelidade, ou justiça: mas eles têm sua virtude para viver muito tempo, e numa miserável satisfação. Eu sou um corrimão na beira da corrente: quem puder se agarrar a mim, que se agarre! Mas não sou vossa muleta.[2]

Retorno agora para a formulação da segunda pergunta feita por Freud no texto citado; uma questão que obriga o pensamento a ultrapassar as fronteiras da Psicanálise (no caso de Freud) e da Filosofia (no caso de Nietzsche), para ingressar na seara da teoria do Direito, da psiquiatria, da criminologia, territórios pelos quais tanto Nietzsche quanto Freud costumavam transitar: pode-se considerar provável que uma causação por sentimento inconsciente de culpa tenha participação quantitativamente relevante e qualitativamente expressiva nos delitos humanos. Minha leitura aproximativa desses textos toma então por referência as perguntas que Freud propõe como pauta de trabalho metapsicológico. A primeira pode ser enunciada da seguinte maneira: de onde provém o obscuro sentimento de culpa anterior ao ato? Essa questão é inequivocamente genealógica, a resposta exigindo uma condição preparatória, que consiste na reconstituição da gênese do sentimento de culpa, a configuração mais opressiva do ressentimento e remorso.

O texto de Freud não deixa dúvidas: a consciência de culpa e o penoso sentimento que a acompanha derivam do complexo de Édipo, enraízam-se, pois, em reações psíquicas aos dois impulsos dinâmicos básicos do processo civilizatório: o parricídio e o incesto. Com o interdito (o universo do simbólico instituído pela lei), tem início a pré-história do devir-homem, com a substituição da horda primitiva pela sociedade dos irmãos. Freud faz remissão aos resultados de trabalhos realizados em outras investigações, chamando a atenção para uma hipótese genealógica de importância fundamental acerca da origem da consciência moral: uma faculdade cuja gênese remonta ao complexo de Édipo, às reações estruturais de ambivalência afetiva e aos conflitos que a humanidade adquiriu por herança filogenética, em consequência da necessidade de repressão dos impulsos libidinosos e hostis que levaram ao incesto e ao parricídio; de acordo com essa hipótese metapsicológica, a civilização e a cultura – e com elas a religião, a moralidade e o direito - não são dados naturais supra-históricos, mas resultados de um processo de vir a ser, principiado na pré-história da hominização. Também Nietzsche, na *Genealogia da moral,* procura reconstituir a gênese da consciência moral, desdobrando-a em duas modalidades distintas: por um lado, a figura da moralidade como consciência de poder e liberdade – própria do indivíduo soberano, capaz de prometer; e, por outro lado, a interioridade como consciência de culpa, aparentada com o remorso e má consciência, cuja proveniência remonta à crueldade internalizada e à interpretação ascético-moral do sentimento daí resultante –, em termos de culpa, castigo, pecado e expiação.

No intento de explicar alguns pontos obscuros na psicologia do delinquente, e dar uma nova fundamentação psicológica para a pena, Freud e Nietzsche qualificam a culpa e o remorso como sentimentos *obscuros e ominosos*, empregando para tanto os termos *dunkel e düster* (ambos denotando penumbra, escuridão). Lançar luz nesse terreno, portanto, esclarecer um pouco os “obscuros primórdios” do devir-homem, pode resultar num autêntico exercício de inversão e transvaloração, em que é a *patologia* que esclarece os *casos normais,* o normal nada tendo de relevante, já que a exceção tudo esclarece e funda. “E tu, juiz vermelho, se quisesses dizer em voz alta tudo aquilo que já fizeste em pensamento, então toda gente gritaria: ‘Fora com essa imundície, este verme peçonhento’!”[3]

A lógica do juiz vermelho, acossada pelo aguilhão da má-fé, carece de motivações e fundamentos como tranquilizantes, ela anseia por narcóticos, a qualquer custo: assim, esse criminoso matou *porque* queria roubar. Encontra-se, então, uma *razão* suficiente que restaura a ordem e normalidade dos bons e dos justos, tendo por lastro a força inercial de hábitos ancestrais – sabemos bem como razões aliviam, como qualquer razão é melhor do que nenhuma razão. Não ocorre ao juiz vermelho que o pálido delinquente *apenas queria sangue*, e não as vantagens e proveitos extraídos do roubo; que seu desejo era só a inútil e absurda felicidade da faca; a pobre razão utilitária, instrumental, não tolera essa desconcertante loucura e impinge ao próprio criminoso a força persuasiva de seus argumentos:

> não importa o sangue e seu *nonsense*, é forçoso que, ao mesmo tempo, cometas um roubo e dele retires um substancial proveito qualquer, ainda que seja o de ter-se vingado de injustiças e circunstâncias adversas.
> [...]
> E ele escutou a sua pobre razão, cujas palavras pesavam sobre ele como chumbo – então roubou, quando assassinou. Não queria envergonhar-se da sua demência. E agora, o chumbo da sua culpa pesa novamente sobre ele, e a sua pobre razão está outra vez tão rígida, tão paralisada, tão pesada![4]

Com isso, Freud e Nietzsche, cada um em seu próprio léxico, tematizam nessas passagens um dos problemas fulcrais das teorias da pena: aquele que toma corpo no conceito de imputabilidade. Ao levar em consideração um ponto de vista que ultrapassa o âmbito da racionalidade e da consciência – ou melhor, ao desestabilizar a identificação tradicional do psíquico como consciente, Friedrich Nietzsche e Sigmund Freud subvertem também a concepção moderna de subjetividade, desfazendo a equação entre subjetividade, "eu", personalidade e consciência. No aforismo 354 de *A gaia ciência,* escreveu Nietzsche: "o pensamento que se torna consciente é a mínima parte dele, e nós dizemos: a parte pior, pois somente esse pensamento consciente ocorre em palavras, isto é, em signos de comunicação; com o que se revela a origem da própria consciência".[5] No aforismo 17 de *Para além do bem e do mal*, encontramos a seguinte formulação:

> No que concerne à superstição dos lógicos, não quero me cansar de sublinhar sempre de novo um fato pequeno, curto, que é admitido com relutância por esses supersticiosos – a saber, que um pensamento vem quando "ele" quer, e não quando "eu" quero; de modo que é uma *falsificação* do conteúdo dos fatos dizer: o sujeito "eu" é a condição do predicado "penso". Isso pensa: mas que esse "isso" seja justamente aquele velho, célebre "eu" é, dito moderadamente, apenas uma hipótese, uma afirmação, sobretudo nenhuma "certeza imediata".[6]

A crítica freudiana não produz menor devastação nesse campo, como se pode constatar pelas seguintes passagens:

> A questão do inconsciente na Psicologia é, segundo a expressão vigorosa de von Lipps (1897), menos uma questão psicológica do que a questão da Psicologia. Enquanto a Psicologia resolveu essa questão por meio de uma explicação verbal, o psíquico seria precisamente o consciente; e processos anímicos inconscientes seriam um palpável contrassenso, ficava excluído um aproveitamento possível das observações que um médico poderia obter de estados psíquicos anormais.[7]

No primeiro capítulo de *O eu e o isso*, encontramos novamente a crítica de Freud à restrição do psíquico ao consciente, formulada de modo incisivo:

> A diferenciação do psíquico em consciente e inconsciente é o pressuposto fundamental da psicanálise, e o único pressuposto que dá a ela a possibilidade de entender os tão frequentes quanto importantes processos patológicos na vida psíquica, de inseri-los na ciência.[8]

Ao admitir intenções, motivações, razões, pensamentos, desejos, volições inconscientes, portanto, ao contar com o inconsciente psíquico como fator relevante da motivação para o agir, esses genealogistas abalaram também uma das colunas de sustentação do direito penal clássico: o conceito de livre arbítrio, com base no qual a liberdade é definida como um *modo de causalidade*, mais precisamente como a causalidade pela qual regras, preceitos e máximas que orientam as ações humanas são representadas pela consciência (ou razão) como princípios de determinação da vontade, referências axiológicas para a conduta pessoal, privada e social; o solapamento dos alicerces desse conceito acarreta severas consequências para as teorias éticas e jurídicas da imputação. Se os crimes, por exemplo, devem ser examinados pelo menos em duas camadas de motivação e causalidade – uma delas inconsciente –, então a célebre capacidade de prever as consequências da ação e de determinar-se em conformidade com a representação daquelas consequências é uma teoria que fica inteiramente comprometida. Supondo que à dimensão *inconsciente* devesse ser admitido maior peso causal ou motivacional – o que é uma hipótese plausível tanto com base na metapsicologia de Freud quanto na genealogia da moral de Nietzsche –, então restam erodidos os alicerces que sustentam a possibilidade de uma justificação e fundamentação ético-moral para os juízos de imputação.

Em outras palavras, não há justificativa legítima, no plano ético-filosófico-moral, para a culpabilização, na medida em que tudo aquilo a que podemos recorrer para a imputação (moral ou jurídica) restringe-se a razões pragmáticas de utilidade social, derivadas da ponderação utilitária de interesses particulares, quer representem egoísmos individuais ou coletivos. Uma vez que utilidade (os egoísmos privados ou públicos) e valor moral são termos excludentes, pelo menos segundo a doutrina moral hegemônica em nossa tradição, segue-se daí que não existe fundamento sólido, em termos de filosofia moral, para a imputação de culpa. É claro que mesmo assim ainda podemos julgar, condenar e absolver os homens por suas ações. Todavia, diante da hipótese de uma culpa inconsciente e da necessidade – igualmente inconsciente – de satisfação de um opressivo sentimento de culpa,[9] tais julgamentos só podem ser extrinsecamente justificados – com base em razões e motivos cuja natureza não é ético-moral, mas utilitária, pragmática; a saber, as incontornáveis exigências dos costumes traditados, da vida social, da civilização, enfim as convenções e maneirismos morais, políticos, sociais, jurídicos, que nunca deixaram de cobrar seu preço elevado em termos de repressão e sofrimento psíquico.

Assim, a justiça penal, por exemplo, só se legitimaria como meio (instrumento ou recurso) de prevenção, intimidação ou pedagogia, não em virtude de razões ou fundamentos ético-morais filosoficamente justificáveis. O jurista e o político, assim como todo reformador moral, *teriam de* operar com a ficção da liberdade da vontade – entendida nos moldes da faculdade de determinar-se a vontade com vistas à ação segundo as regras e preceitos representados pelo entendimento consciente – para sustentar e dar possibilidade teórica aos *juízos de valor moral*, tanto no plano ético-político quanto jurídico, sobre as ações humanas.

As posições de Freud e Nietzsche parecem resultar, então, numa aproximação tensa entre necessidade e liberdade, arriscando privar de sentido qualquer conceito de liberdade da vontade e, com isso, também o de imputabilidade das ações. A esse respeito, Nietzsche dramatiza o risco ostensiva e inequivocamente em *Humano, desmaisado humano*, cunhando para tanto a expressão fatalismo turco:

> O fatalismo turco contém o erro fundamental de contrapor um ao outro o homem e o fato (*fatum*) como duas coisas separadas: o homem, diz ele, poderia resistir ao fato, tentar frustrá-lo, mas este, finalmente, sempre detém a vitória; razão pela qual o mais razoável seria resignar-se, ou viver a bel prazer. Na verdade, todo homem é, ele próprio, uma parte do fato; quando, daquela mencionada maneira, pensa resistir ao fato, realiza-se então, justamente com isso, também o fato; o combate é uma imaginação, mas também, de igual modo, aquela resignação é fato; todas essas imaginações estão incluídas no fato. – A angústia que muitos sentem perante a doutrina da não liberdade da vontade é a angústia perante o fatalismo turco: eles pensam que o homem se tornaria fraco, resignado, de mãos atadas, em face do futuro, porque em nada seria capaz de alterá-lo; ou então, que ele soltaria as rédeas a todos os seus caprichos, porque também por esse meio não poderia se tornar pior o que está previamente determinado. As loucuras dos homens são tão parte do fato como suas sabedorias: também aquela angústia perante a crença no fato é fato. Tu mesmo, pobre angustiado, tu és a incoercível *Moira*, que reina até sobre os deuses, para tudo o que ocorre; tu és a bênção e a maldição e, em todo caso, a cadeia na qual permanece atado até mesmo o mais forte de todos; em ti está pré-determinado o futuro do mundo humano, de nada te adianta, sentires horror de ti mesmo.[10]

Ao contrário do que parece sugerir à primeira vista, o texto transcrito é mal entendido, caso sua interpretação tome como chave de leitura um necessitarismo inflexível, um cego e rígido mecanicismo causal, pois esta seria uma exegese equivocada, na medida em que, segundo a estratégia irônico-polêmica de argumentação de Nietzsche, o "fatalismo turco" é, antes de tudo, uma paródia da resignação, que habitualmente se transfigura em postura negativa, reativa e biliosa, nostalgia de uma liberdade metafísica ancestral, rendida à inexorabilidade do mecanismo causal da natureza, do inelutável destino fixado pelos imperscrutáveis desígnios da Providência, aos condicionamentos históricos ou sociais, ou então à irresistível carga da herança genética.

O texto de Nietzsche opera, na prática, com uma crítica radical da resignação, nela denunciando o entorpecimento da energia crítica, esta sim, capaz de conduzir a uma afirmativa rebeldia do espírito – cujo núcleo seria a recusa intransigente e principiológica da oposição metafísica entre liberdade e necessidade; recusa estratégica, que converte o fatalismo em sintoma de uma adesão (pelo negativo) ao luto melancólico do livre-arbítrio, má-vontade dirigida contra a consideração científica do mundo, sintoma de uma aversão recalcitrante contra o livre jogo entre necessidade e acaso, atuante em todo vir a ser.

Do ponto de vista da tradição, há fortes razões para uma experiência amargurada desse fatalismo: se, no âmbito do querer e do agir humanos, vigora de fato uma necessidade semelhante à que se atesta nas relações invariáveis de causa e efeito entre os fenômenos da natureza, então desaparece, com ela, todo *fundamento moral* para julgamentos de valor acerca das ações dos homens. E, na ausência de uma liberdade do arbítrio, capaz de determinar a vontade, como fator *causal*, levando-a a deliberar e executar ações mediante a prévia e indispensável ponderação racional de suas consequências, então perde consistência a noção tradicional de *responsabilidade*, fundamento de todo juízo (moral e jurídico) de *imputação*.

Sendo assim, o que se encontra em jogo – sob a figuração alegórica e paródica do fatalismo turco – é nada menos que o elemento que constitui o cerne e o âmago da moralidade: a constelação formada pelos conceitos de liberdade, necessidade, responsabilidade, personalidade e arbítrio e, nessa constelação, a possibilidade de *justificação* filosófico-moral dos juízos sobre o valor ético de nossas ações, a base racional de sustentação para juízos de imputação, tal como praticados ao longo de nossa tradição cultural. Se tudo é necessidade, assim na natureza como na história, então a moralidade é uma construção etérea, fictícia, a rigor tão desprovida de sentido, aos olhos da ciência, como as noções de vício e virtude, mérito e culpa, punição e recompensa.

Responsabilidade e culpabilidade formam também a base de sustentação da tese de acordo com a qual haveria uma ordenação ética da existência, que conferiria ao universo uma significação moral, com recurso à qual seria possível a interpretar todas as figuras do negativo, como o mal, o erro, o sofrimento, o castigo e a retribuição, como consequência de uma culpa metafísica, originada com a própria existência. A respeito da ordenação ética e significação moral do universo, a lição de Arthur Schopenhauer (de quem tanto Nietzsche como Freud foram leitores entusiasmados) é exemplar:

> Que o universo tenha uma significação meramente física, nenhuma significação moral, isto é o maior dos erros, o erro mais corruptor e fundamental, a autêntica *perversidade* da mente, sendo, no fundo, também aquilo que a fé personificou como o Anticristo. Todavia, e a despeito de todas as religiões que, em seu conjunto, afirmam o contrário disso e procuram fundamentá-lo segundo sua maneira mítica, aquele erro fundamental jamais se extingue inteiramente sobre a Terra, senão que sempre de novo eleva sua cabeça de tempos em tempos, até que alguma vez a indignação geral o coage novamente a esconder-se.[11]

Todavia, o conhecimento adquirido com auxílio das ciências e do sentido histórico - que constitui o apanágio da consciência moderna -, atuaria como iluminação e emancipação, resgate e alívio da humanidade de seu aprisionamento nas perspectivas de um débito e sacrilégio originários, vivenciados como pecado, como crime a ser expiado pelo castigo; libertação do peso esmagador de um opressivo sentimento de culpa e remorso, nutridos e fomentados pela ignorância e pela superstição.

Ao mesmo tempo, porém, não se poderia mais encontrar nenhuma fundamentação suficiente ou justificava filosoficamente válida para juízos morais de imputação e punição. Todavia, quando a voz que ecoa a partir do âmago mais recôndito da consciência moral não é mais a voz da culpa, então pode vir a tona um novo senso de responsabilização própria e singular, personalíssima, não codificável no registro de uma pretensa "lei universal" ou imperativo categórico da moralidade humana, que, enquanto tal, seria considerada em abstrato, como um conceito universal, porém vazio de teor conteudístico concreto.

Freud e Nietzsche descerram então o horizonte filosófico para uma acepção extramoralista de obrigação e responsabilidade, cujas exigências convertem-se em uma segunda natureza, livre do aguilhão da má consciência. De acordo com ela, todos e cada um de nós *somos* uma fatalidade, um *unicum,* sem par nem equivalente no universo, em cujo todo nos integramos. De acordo com isso – e na ausência de um plano metafísico superior, chame-se Deus, Natureza ou significação ética do universo – não podemos mais fazer rolar o peso existencial de nossa *subjetividade* sobre nenhuma instância que assumiria responsabilidade em nosso lugar, por nossos eventuais defeitos e virtudes. Assim como não se pode morrer senão a própria morte, também nossa existência é irremissível, no mesmo sentido em que nossa vida é irrelata, pois que estamos entregues apenas a nós mesmos e à nossa capacidade de responder por nós em (cor)respondência com o mundo da vida em que nos inserimos.

Nesse sentido, só pode existir responsabilidade autêntica depois da supressão da culpabilidade, da cauterização de todo resíduo moralista em nós. Uma tal consciência sublimada é, ao mesmo tempo, extramoral e suprajurídica, e por isso mesmo capaz de autocompreender-se em termos de responsabilização autêntica. Cada um de nós é um singular grão de areia na poeira cósmica das galáxias, o resultado fatídico num lance de dados de infinitas combinações possíveis; e por isso mesmo, arrastamos conosco, a cada um de nossos pensamentos e ações, a partir da âncora instantânea do presente, o peso das determinações que nos singularizam no espaço e no tempo, na direção retrospectiva do passado e prospectiva do futuro. Não há nenhum ponto de vista exterior a esse todo do mundo, ao abrigo do qual pudéssemos nos refugiar e assim, isolados, julgar, medir, avaliar, absolver ou condenar o todo a que nós mesmos pertencemos, essa imensa rede macro e micro cósmica de necessidade e acaso.

Sob essa ótica, o infortúnio do pálido delinquente é o resultado de uma (má) interpretação moralista da indigência e das exigências de seu próprio corpo enfermo, levada a efeito pela limitação perspectiva de seu próprio entendimento (sua pequena razão), inconscientemente induzida pela introjeção, assimilação acrítica e identificação com os mesmos valores pretensamente incondicionais, forjados pela vigente moral (histórica) de seus carrascos. Pauperismo do corpo, que se expressa como demência da alma: como duplo delírio, um antes e outro depois da ação.

Mas, visto da perspectiva de Zaratustra, é necessário recordar que "houve outros tempos" e, portanto, outras e distintas perspectivas de julgamento a respeito de Bem e Mal. É por causa disso que Zaratustra, num gesto chocante, para alguns, aversivo – toma o partido do pálido delinquente contra o juiz vermelho: os normais, os bons e os justos são aqueles cuja virtude os habilita a prolongar vegetativamente uma existência amesquinhada à condição de deplorável satisfação: a gorda e plácida felicidade das planícies seguras e verdejantes.

Nietzsche se orgulhava de seu faro natural *in psycologicis*, um refinado talento do qual, como se percebe, Freud soube muito bem apreciar a força e a fecundidade, sobretudo em relação às dificuldades mais espinhosas da humanidade como, por exemplo, as questões religiosas, a proveniência e o vigor dos ideais ascéticos, as pretensões metafísicas ao incondicionado, os capciosos dilemas da política, os mistérios dos juízos estéticos, os enigmas da moralidade e as exigências de justiça. É nesse horizonte que se abre uma via de pensamento para uma frutífera problematização da mentira e da ilusão, em termos filosóficos – pois é nela que encontramos insights originais na interpretação psicológica do fenômeno crença e da fé, segundo os quais as convicções definitivas são piores inimigas da verdade do que as mentiras. Considerada em perspectiva genealógica, toda convicção só se torna crença ao longo de um tortuoso caminho, que passa por formas prévias embrionárias, por tentativas de estabelecer-se, por erros de várias modalidades, até adquirir a respeitável solidez dos dogmas, das convicções quase axiomáticas. Por essa via, é possível pensar a mentira como uma das formas embrionárias no longo e árduo devir das convicções.

Como é patente, trata-se de uma provocativa ousadia intelectual, que pressupõe uma determinada concepção bastante alargada e não moralista de mentira. Denomino mentira, diz Nietzsche,

> *não* querer ver algo que se vê, não querer ver algo *assim* como se o vê: não entra em consideração se a mentira tem lugar perante testemunhas, ou sem testemunhas. A mentira mais habitual é aquela em que alguém mente para si mesmo; o mentir para outros é relativamente o caso de exceção.[12]

Como se percebe, essa noção de mentira é consideravelmente distinta do conceito que dela se faziam tanto Rousseau quanto Kant, para ficar entre os modernos.

> Somente pela intenção de enganar, dizer o que é falso é mentir, e a própria intenção de enganar, longe de estar sempre associada à de prejudicar, algumas vezes tem o objetivo inteiramente contrário. Todavia, para tornar uma mentira inocente, não é suficiente que a intenção de

> prejudicar não seja expressa; faz-se necessário ainda a certeza de que o erro no qual são lançados aqueles a quem se fala, de nenhuma maneira possa prejudicar nem a eles mesmos nem a ninguém. É raro e difícil que se possa ter essa certeza; assim é raro e difícil que uma mentira possa ser completamente inocente. Mentir para sua própria vantagem é impostura, mentir para a vantagem de outrem é fraude, mentir para prejudicar é calúnia; é a pior espécie de mentira. Mentir sem proveito nem prejuízo não é mentir: isso não é mentira, é ficção.[13]

Em contrastaste com isso, temos a postura moral rigorista de Kant, para quem a mentira

> simplesmente definida como uma declaração falsa feita a um outro homem, não precisa do suplemento que teria de prejudicá-lo, como os juristas o exigem para sua definição (*mendacium est falsiloquium in praeiudicium alterius*). Pois, na medida em que torna inutilizável a fonte do direito, ela sempre prejudica outrem, mesmo que não a um outro homem, pelo menos sim a humanidade em geral.[14]

Tanto no caso de Rousseau como no de Kant, existe um critério infalível para determinar o que seria um ato censurável e mentiroso. Para o primeiro, há necessidade de discriminar os casos em que a verdade é rigorosamente devida, distinguindo-os daqueles em que se pode calar sem cometer injustiça, ou dissimular fazendo uma falsa declaração, sem, contudo mentir.

Essa pedra de toque, Rousseau a encontra em sua consciência moral:

> O instinto moral jamais me enganou: preservou até agora suficiente pureza em meu coração para que nele pudesse confiar e se, em minha conduta, às vezes ele silencia diante de minhas paixões, retoma judiciosamente seu império em minhas lembranças. Julgo-me talvez, então, com tanta severidade como serei julgado pelo soberano juiz depois desta vida.[15]

Já para Kant, o mandamento incondicional de veracidade nas declarações que não se pode evitar é um dever formal de todo homem em relação a cada outro, em particular, e em relação à humanidade, em geral; um dever sobre o qual se fundam todos os direitos assegurados por contratos, e com isso também a possibilidade da regulação justa e racional do conflito entre os arbítrios, uma tarefa pensada na ideia racional do direito.

Em Nietzsche, o problema se coloca num registro inteiramente diverso. Para ele, a atitude de "*não* querer ver o que se vê, esse não querer ver *assim* como se vê, é quase a primeira condição para todos aqueles que *tomam partido* em algum sentido: o homem de partido torna-se com necessidade um mentiroso".[16] Como, posteriormente, para Freud, não querer ver o que se vê, tomar partido a favor da mentira, pode cristalizar-se como comportamento automatizado, guiado por motivações inconscientes, inteiramente subtraídas ao controle racional.

Tomar partido, defender uma doutrina, apegar-se sectariamente a convicções, sobretudo a derradeiras e autênticas convicções, perseverar e jamais transigir, manter uma "ótica rigorosa e necessária em todos os valores", pode representar, para Nietzsche como para Freud, justamente um caso privilegiado de *não querer ver o que se vê*, não querer ver as coisas *assim como se as vê*. Com efeito, para que uma determinada perspectiva se afirme e estabeleça, torna-se necessário passar por alto, simplificar, abstrair, desconsiderar, *não querer* ver muitas outras coisas, muitos matizes e nuances. Entretanto, essa postura constitui a espinha dorsal de todo sectário, dos homens de partido, especialmente dos moralistas, e dos dogmáticos de toda espécie, que com isso se constituem em antípodas da veracidade, da "verdade", da honestidade intelectual.

> Para a questão "verdadeiro" e "não verdadeiro", não fica, em absoluto, livre para o crente ter uma consciência moral: ser honesto *nesse* ponto seria imediatamente sua ruína. O condicionamento patológico de sua ótica faz do convicto o fanático – Savonarola, Lutero, Rousseau, Robespierre, Saint-Simon – o tipo oposto do espírito forte, tornado *livre*. Porém a grande atitude desses espíritos *doentes*, desses epilépticos do conceito, faz efeito sobre a grande massa – os fanáticos são pitorescos, a humanidade prefere ver gestos a ouvir *fundamentos*.[17]

A retidão intelectual – que constitui, para aqueles dois "mestres da suspeita", a virtude cardinal da moderna consciência científica –, a saber, a probidade, o asseio teórico e prático (também "ético", tomando-se o termo em acepção diversa de todo moralismo) em relação à questão do verdadeiro e do falso, a consciência da "injustiça" (parcialidade, condicionamento subjetivo, sócio-histórico, linguístico-gramatical etc.) inerente a toda perspectiva, teria como regra e condição fundamentais a consciência do caráter parcial, da limitação perspectiva de toda crença – particularmente, e sobretudo, das próprias convicções. Conquistar a liberdade de *poder prescindir*, sem ressentimento, nem rancor, de dogmas solenes e sagrados artigos de fé, de valores pretensamente absolutos e incondicionais – esse é o sinal de uma potência espiritual intensificada, de uma probidade intelectual, um inaudito senso de responsabilização.

Os homens que, de acordo com esse novo sentido alcançado, se revelarão como os mais fortes seriam, de acordo com uma formulação de Nietzsche, aqueles que tipificam o perfil contrário ao fanático e ao convicto, os que não se recusam a ver aquilo que veem, a vê-lo assim como o veem. Esses mais fortes e probos serão

> os mais comedidos, aqueles que não têm *necessidade* de extremos artigos de fé, aqueles que não apenas admitem como amam uma boa parcela de acaso, absurdo, aqueles que podem pensar a respeito do homem com uma significativa redução de seu valor, sem com isso se tornar pequeno e fraco: os mais ricos em saúde, aqueles que estão à altura da maioria dos *malheurs [infortúnios]* e por isso não temem tanto esses *malheurs* – homens que estão *seguros de seu poder* e, com orgulho consciente, representam a *alcançada* força do homem.[18]

Tal liberdade, contudo, seria ao mesmo tempo, o fim da antiga "honesta" convicção moralista. Nessa radicalização da veracidade, não subsiste nenhuma convicção honestamente consciente, quando se leva em conta a extensão e profundidade do incógnito contra o fundo do qual se "eleva" a consciência. Daí porque, para Nietzsche, todos os espíritos intelectualmente probos são céticos. Vale lembrar, relativamente a juízes, jurisdição e veredito, que a principal virtude do cético mostra-se em sua capacidade de autocontrole, que evita prevenção e precipitação. O gesto cético por excelência é justamente a *epoké (suspensão do juízo)* quanto a todo proferimento dogmático. Também justamente por isso o ceticismo antigo representava, para Nietzsche, um regime filosófico de probidade intelectual, uma condição prévia de todo filósofo comprometido com a verdade. A consequência dessa posição consistiria em privar de crédito toda pretensão dogmática – no campo especulativo, como na moralidade, na política e no Direito. Paradoxalmente, o único modo de estabelecer a ascendência filosófica e o domínio social, político, moral e jurídico para a ética; de fazer das noções de virtude e dever o modelo ideal para a reforma das mentes e dos corações – e essa constitui a tarefa cardinal da reforma social, da legislação, da política e da justiça – seria uma coragem para a verdade que não se intimida perante a necessidade de levar às derradeiras e extremas consequências a lógica dos próprios valores.

Como vemos, o preço desse *golpe de mestre* leva ao transtorno completo das relações entre mentira e verdade, essência e aparência. Isso significa que a mentira, o disfarce, o simulacro não apenas o contrário absoluto da identidade, da verdade, da realidade e do ser; ao contrário, constituem justamente as condições necessárias para a produção de efeitos realidade e verdade no campo da moral, da política e do Direito. Por causa disso, o estreito condicionamento ótico do fanatismo devoto conduz ao tipo oposto àquele da fortaleza e liberdade de espírito, a saber, a hipocrisia e a má-fé dos moralistas, como o juiz vermelho da parábola, desde sempre se alimentou às expensas do sangue de pálidos delinquentes de todos os tempos.

NOTAS

1 Freud, S. *Die Verbrecher aus Schuldbewusstsein Einige Charaktertypen aus der Psychoanalytischen Arbeit.* (1916), em S. Freud, *Werke*, Ed. Alexander Mitscherlich et al, Studienausgabe, Band X: *Bildende Kunst und Literatur*. Frankfurt am Main: Fischer Verlag, 1982, pp. 252-4. Salvo indicação em contrário, as traduções são de minha responsabilidade.

2 F. Nietzsche, *Assim falou Zaratustra I: do criminoso pálido*, trad. Paulo César de Souza, São Paulo, Companhia das Letras, 2011, pp. 38 e ss.

3 Idem.

4 Idem.

5 F. Nietzsche, *A gaia ciência*, aforismo 354, trad. Rubens Rodrigues Torres Filho, em *Obras incompletas*, São Paulo, Abril Cultural, 1974, pp. 224 e ss. Col. Os Pensadores.

6 F. Nietzsche, *Jenseits von Gut und Böse*, aforismo 17., em *Sämtliche Werke*, Kritische Studienausgabe, Ed. G. Colli und M. Montinari/ Berlin, New York, München: de Gruyter, 1980. v. 5, pp. 30 e ss.

7 S. Freud, *Die Traumdeutung*, cap. VII. In: *Werke*, Studienausgabe, Ed. Alexander Mitscherlich und Angela Richardas. Frankfurt/MÇ Fischer Taschenbuch Verlag, v. II, p. 579.

8 S. Freud, *Das Ich und das Es*, em S. Freud, op. cit, v. 3, p. 283.

9 "Que é esse homem? Um monte de doenças, que, através de seu espírito, extravasam para o mundo: aí pretendem elas fazer as suas vítimas. Que é esse homem? Um novelo de ferozes serpentes, que raramente têm descanso umas ao pé das outras, de modo que se vão embora, cada uma por seu lado, e procuram presas pelo mundo. Olhai esse pobre corpo! Aquilo que ele sofreu e cobiçou, foi interpretado pela sua pobre alma como vontade homicida e ansiosa pela felicidade da faca." (Idem).

10 F. Nietzsche, *Humano, demasiado humano. II: O Andarilho e sua Sombra. 61*, em *Sämtliche Werke*, Kritische Studienausgabe (KSA), E. G. Colli und Mazzino Montinari, Berlin, New York, München: de Gruyter, DTV, 1980, v. I, p. 580.

11 A. Schopenhauer, *Parerga und Paralipomena* II. Kapitel 8, § 109, em *Sämtliche Werke*. Ed. Wolfgang Frhr. Von Löhneysen. Frankfurt/M: Suhrkamp Verlag, 1986, Band 5, pp. 238 e ss.

12 F. Nietzsche, *Der Antichrist (O Anticristo)*, par. 55, em *Sämtliche Werke*. Kritische Studienausgabe (doravante KSA). Ed. G. Colli e M. Montinari. Berlin, New York, München: de Gruyter, DTV. 1980, v. 6, pp. 237e ss.

13 J-J. Rousseau, "Devaneios do passeante solitário (Quarto Passeio, 1777)", trad. Emilia de Moraes, em F. Rey Puente (org.), *Os Filósofos e a mentira*, Belo Horizonte, Ed. UFMG, 2002, pp. 41 e ss.

14 I. Kant, "Sobre um pretenso direito de mentir por amor aos homens", trad. Thereza Calvet de Magalhães e Fernando Rey Puente, F. Rey Puente, op. cit., p. 76.

15 J-J. Rousseau, op. cit., p. 41.

16 F. Nietzsche, *Der Antichrist (O Anticristo)*, par. 55, em *Sämtliche Werke*. Kritische Studienausgabe (doravante KSA). Ed. G. Colli e M. Montinari. Berlin, New York, München: de Gruyter, DTV, 1980, v. 6, p. 238.

17 Idem, par. 54, p. 237.

18 F. Nietzsche, Fragmento Póstumo n. 5 [71], do verão de 1886-outono de 1887, em F. Nietzsche, *Sämtliche Werke*. Kritische Studienausgabe (KSA). Ed. G. Colli/M. Montinari, Berlin/New York/ München: de Gruyter/DTV, 1980, v. 12, p. 211.

SOBRE O PRINCÍPIO DE RESPONSABILIDADE

Roberto Romano

Sobre o princípio da responsabilidade. Ementa.

A reflexão que proponho liga-se aos primeiros elementos filosóficos da responsabilidade atribuída aos que dirigem o Estado. Com evidência solar, a tarefa é ampla em demasia. No primeiro instante apresentarei o princípio da responsabilidade segundo Platão, o maior autor ético do Ocidente. No segundo, tecerei considerações sobre o nosso mundo e o Brasil, ao redor da noção democrática da *accountability*. Terminarei com algumas reflexões sobre nossa responsabilidade diante de nós mesmos, no planeta Terra. Os três momentos estão unidos de maneira indissolúvel, tanto em nossa cultura política quanto na ordem jurídica e no campo ético. Sigamos a linha do tempo, a mais cômoda quando se trata de uma exposição dirigida a um público erudito como o composto pelas senhoras e senhores.

> "Os políticos são considerados como pessoas ocupadas em construir armadilhas contra os homens e menos propensas a cuidar de seus interesses. Seu título principal de honra não é a de sábios, mas de hábeis. Eles aprenderam na escola dos fatos que existirá vício enquanto existirem homens".
>
> (Spinoza, *Tratado Político*)[1]

A RESPONSABILIZAÇÃO NA FILOSOFIA PLATÔNICA

É habitual a ideia de que Platão aconselha um governo de especialistas cujo mister seria controlar o Estado contra as fileiras irracionais dos cidadãos comuns. Esta exegese surge de uma leitura demasiado seletiva da *República* e brota do silêncio posto sobre livros posteriores do filósofo como é o caso das *Leis*. Em tal escolha arbitrária são afastados inclusive textos autobiográficos estratégicos como é o caso da *Carta Sétima*. Nela, Platão afirma que seu alvo em Siracusa, terra dominada por Dionísio, era substituir o absolutismo do tirano pelo governo das leis.[2] Um estudioso do pensamento platônico, Glenn R. Morrow[3] analisa as *Leis*, diálogo no qual Platão afirma que nenhum mortal pode almejar para si um mando supremo e irresponsável sem perder conhecimento e integridade.[4] Se às leis falta soberania, o Estado segue para a ruína. A mais elevada qualidade governamental e cívica é a plena obediência às leis. Todos os juízes e funcionários devem ser responsáveis pela obediência aos preceitos legais. Os dirigentes são chamados por Platão de *Nomophylakes* (guardiões da lei), sendo apenas ministros de uma soberania que não lhes pertence. O título, não inventado pelo filósofo, era conhecido na prática governamental de cidades gregas em seu tempo.

A soberania da lei define um traço relevante do pensamento platônico. Vejamos, no entanto, as mudanças que ele propõe em relação às formas existentes na vida jurídica ateniense. O principal problema reside na ausência de paradigmas conceituais da lei, defeito notório e desastroso, no entendimento de Platão, das cortes populares, os *dicastérios*, palavra que, no entanto, encontra sua origem em *Diké*, a lei.[5] Segundo Henri Martin, a presença constante do termo "paradigma" nos escritos platônicos reforça a interpretação de seu pensamento segundo a qual, para ele, salvo uma só essência, a indivisível e imutável (Eterna e não sujeita ao tempo e ao espaço) todas as demais essências das coisas nada oferecem de estável, sendo estranhas ao domínio científico.[6] O filósofo considera que nas assembleias do povo as opiniões eram partilhadas sem critérios técnicos e, mesmo assim, determinavam os passos da *polis* e produziam instabilidade, o contrário do que se espera de um Estado.

As cortes populares reuniam grande número de pessoas (de 500 a 2.500) escolhidas por sorteio antes dos julgamentos. Elas foram geradas pela democracia e substituíam os tribunais aristocráticos ou oligárquicos, compostos apenas de magistrados e dirigentes. Alguns daqueles últimos tribunais continuaram a existir ao lado dos populares, como o Areópago, único a permanecer imune diante das cortes comuns, pois nele eram julgados os crimes graves de homicídio e os que exigiam pena capital. Trata-se de uma corte que usufruía de respeito amplo. Já as populares eram criticadas por gente como Aristófanes, Tucídides e oradores notáveis que dirigiram invectivas contra elas. Os democratas, no entanto, as defendiam fortemente. A *Ecclesia*, assembleia do povo, remete os acusados à corte popular, a *Helié*.

Na *Apologia de Sócrates*, Platão endereça uma crítica velada contra os tribunais populares. No célebre julgamento do pensador, os que decidiriam a sua sorte mostraram-se sedentos de condenação, a baderna foi tamanha que só com muita dificuldade o acusado conseguiu se fazer ouvir. A *Helié*, o tribunal onde Sócrates foi condenado, dispunha de aproximadamente 6.000 jurados saídos da *Ecclesia*. Eles eram sorteados segundo a gravidade maior ou menor da acusação. Como ponto final, os jurados depositavam uma ficha em urnas, vazias em caso de condenação, cheias quando ocorre o contrário. No diálogo *Górgias*, Platão ironiza a justiça onde impera a persuasão retórica "nos dicastérios e demais multidões". O termo grego, usado por ele para designar as multidões de juízes é *ochlos*, massa instável e irrequieta.[7] Já na *República* existe um retrato irônico do juiz que ronca durante os trabalhos (405 c). Outra crítica direta encontra-se na imagem do povo, "Grande Criatura" que mostra seu lado mais bruto e estúpido quando julga quem a desagrada.

Platão nota a suscetibilidade dos tribunais populares à lisonja e aos apelos emotivos dos retores e o quanto eles são movidos pelos motivos políticos. O mais grave segundo o filósofo é o segredo do voto que torna o julgador individual imune às críticas e ataques (*Leis*, 876 b).[8] Nas cortes populares falta o princípio da competência profissional. "Em nosso Estado", diz Sócrates, "um piloto será um piloto e não ao mesmo tempo um sapateiro; e um agricultor será agricultor e não também um juiz" (*República*, 397 e).

É mais do que batida a ideia de que Platão, por ser crítico da ordem democrática, rejeita as instituições de seu tempo. É fato que ele suspeita de cortes numerosas, pois "a multidão não pode julgar com facilidade e nem também poucos juízes, caso sejam incompetentes" (*Leis*, 766 d-e).[9] Ele considera que é mais fácil para um tribunal pequeno, com juízes treinados, ir até o núcleo das questões ao interrogar os litigantes com tempo suficiente disponível. Os juízes, quando em grande número, serão no máximo bons ouvintes dos discursos contraditórios. Mas o filósofo pensa que o povo deve ter parte na administração da justiça. Ele não muda sua opinião sobre cortes amplas e barulhentas, nas quais aplausos e vaias são ouvidos, mas defende as cortes populares, as quais devem julgar em sua própria instância. As causas dessa defesa são claras: é mais difícil corromper quinhentos juízes, em especial se eles são desconhecidos antes do julgamento, ou intimidar um júri numeroso. O historiador George Grote[10] observa que os tribunais populares de Atenas fizeram o que é difícil para qualquer sistema de justiça: "they were able to bring wealthy and powerful offenders to *account*". Guardemos esta última menção à *accountability*, pois voltaremos a ela no mundo moderno.

Platão almeja ao mesmo tempo as vantagens dos tribunais populares, com seu princípio de ativa cidadania, e as trazidas pela competência dos juízes. Esta síntese ocorre quando examina o problema do apelo. Ele divide a administração da justiça em três cortes graduadas, a de primeira instância e duas de apelo. A primeira é chamada a dos vizinhos ou árbitros. Acima, vêm as populares e a superior, a dos Juízes Selecionados, cuja decisão é final em todas as matérias nela discutidas. As formas propostas por Platão existiam, de certo modo, em Atenas. A dos árbitros era escolhida por sorteio entre cidadãos, para ver se conseguiam algum acordo entre as partes. Trata-se de um sistema barato e ágil de se conseguir justiça. A diferença entre o proposto pelo filósofo e as formas existentes reside no seguinte ponto: os árbitros seriam escolhidos pelas partes e não mais por sorteio.

Se um litigante não estivesse satisfeito com a decisão arbitral ele poderia apelar para a corte superior, correndo o risco de multa se o primeiro veredito fosse mantido. Os membros das cortes populares seriam escolhidos entre as tribos. A sua competência, no entanto, segundo a proposta de Platão, excluía os crimes que incorressem em pena capital o que não era o caso das cortes populares atenienses. O filósofo proíbe o juramento: "é uma coisa terrível", diz ele, "em tantos processos conduzidos num Estado, a metade das pessoas que encontramos pode ser constituída por quem comete perjúrio".

A mudança mais original dentre as propostas nas *Leis* é a negação da autoridade última aos tribunais populares em proveito dos Juízes Selecionados. Essa Corte, eleita anualmente por todos os dirigentes do Estado, segue um sistema de refinamento de escolhas até chegar aos melhores juízes. O *Areópago* era composto de modo próximo, pois nele ex-governantes tinham mandato vitalício. Mas a proposta platônica difere do *Areópago* porque não apenas os mais elevados dirigentes são escolhidos, mas também os que ocupariam cargos mais baixos. A seleção dos juízes seria matéria de mérito, não de privilégio devido ao cargo anterior. E o cargo não seria vitalício. As mudanças no quadro efetivo seriam permanentes, o que impediria o uso do poder jurisdicional em proveito de indivíduos ou de grupos.

Platão muda radicalmente o sentido dos apelos. Estes eram feitos pelos árbitros ou magistrados à corte popular, última instância em Atenas. Mas ele, de outro lado, não assume as posições oligárquicas que desejavam anular o peso dos juízes populares, pois se deles retira o poder supremo, lhes atribui papel relevante. Em todos os casos, a sua preocupação é com o excesso de poder concedido às cortes, populares ou não. Os abusos dos juízes e demais integrantes do mundo estatal deveriam ser previstos e evitados. Os perigos do abuso eram conhecidos em Atenas e existiam técnicas contra eles. Todos os que exerciam cargos, antes da posse, passavam por um exame acurado (a *dokimasía*) diante do Conselho e das cortes populares. Após deixar o cargo, todos eram submetidos a outro exame oficial (*eitinai*) dos seus atos, sendo sujeitos a multas e outras penalidades se fossem culpados de agir contra as leis. Em cada encontro da Assembleia soberana dos cidadãos, os dirigentes podiam ser suspensos, desde que não conseguissem votos para se manter no cargo.

Dessas instituições atenienses, Platão mantém duas: o escrutínio e a revisão do mandato, mas não as deixando ao arbítrio da corte popular. Ele propõe um conselho de Examinadores (*eutinoi*) que deveria avaliar os atos de todos os governantes durante e após o mandato, em intervalos nos quais relatariam o que descobriram. Em caso de uso errado do cargo, eles tinham poderes para impor penalidades ou multas. Mas o poder desses examinadores, por sua vez, era responsável, porque um dirigente indigitado por eles poderia apelar para a corte dos Juízes Selecionados. Se perdesse, seria obrigado a cumprir as penalidades. Caso contrário, poderia acionar os examinadores, exigindo a sua remoção ou punição.

O princípio das propostas platônicas é exposto nas seguintes frases das *Leis*:

> No caso em que um magistrado tenha ajuizado algo de modo injusto (*adikos*, de errado, não reto, injusto) tratando-se dos danos de um litigante, sua penalidade diante da vítima do referido prejuízo deverá ser o dobro do valor reclamado. E todo aquele que desejar, poderá ir às cortes comuns contra os magistrados por causa de decisões injustas, nos casos trazidos diante deles. (846 b).

A língua usada por Platão nas sentenças citadas (*ho boulómenos*, "Todo aquele que desejar") é a mesma usada nos termos legais áticos, quando se descreve uma *graphé* (ação) que podia ser assumida por pessoas outras, além da que era diretamente afetada.

Mas Platão é mais duro ainda. Ele prevê ações contra dirigentes por abuso judicial e administrativo. No Estado platônico, os dirigentes têm ao mesmo tempo funções judiciárias e administrativas. Eles dirigem e impõem penalidades em caso de rompimento das leis. Mas todos os juízes, além dos dirigentes menores do Estado, são sujeitos a processos por violação da lei. "Nenhum juiz ou dirigente deve ser isento de responsabilidade (*anipeutinos*) pelo que faz como juiz ou dirigente, exceto aqueles cujo juízo é final, como é o caso dos reis". No entanto, até mesmo no caso de Siracusa Platão propõe um *arkhé hipeutinos basiliké*, um poder real responsável (*Carta Oitava*, 355 e).[11] Se um integrante dos Juízes Selecionados é suspeito de injustiça, apela-se para os Guardiões das Leis, que então assumem o caráter de uma corte. Platão formaliza um sistema preciso de distribuição do poder judiciário sem paralelo em seu tempo. Ele difere da ordem democrática, pois não entende as cortes populares como supremas. E também diverge da oligarquia e da aristocracia, pois nele os dirigentes superiores do Estado são responsáveis e não possuem privilégios como os usufruídos pela *Gerusia* de Esparta, ou mesmo pelo *Areópago* ateniense antes de Solon. Ele planeja, portanto, algo que teve relevância estratégica no mundo moderno, e que determinou a estabilidade política com a balança entre as forças opostas, algo fundamental em Locke e Montesquieu. É platônica a noção de uma prática de *checks and balances* essenciais no Estado posterior ao absolutismo.

A última e importante medida a ser notada nas propostas de Platão é a publicidade dos atos:

> A votação deve ser pública. Durante o julgamento os juízes devem sentar-se uns perto dos outros em ordem de idade e diretamente diante do acusado e do acusador; e todos os cidadãos que possuam tempo, devem seguir os trabalhos (*Leis*, 855 d).

O filósofo, diz Morrow, procura evitar algo como o sistema secreto da *Star Chamber*, algo usado pelos soberanos ingleses para impor despoticamente o seu poder contra as leis estabelecidas e as práticas judiciárias comuns.

Quanto ao papel das leis na ordem política, Platão pensa de modo diretamente inverso ao democrático, antigo e moderno. Para nós, a legislação deve se adaptar às modificações sociais ou econômicas, sobretudo no campo da opinião pública. O meio para tais mudanças é o processo legislativo, com representantes eleitos. Em sentido oposto, Platão acredita que a opinião pública deve se adaptar às leis e todas as forças artísticas, religiosas, educacionais precisam ser dirigidas por semelhante paradigma. Importa muito que o filósofo tenha estabelecido o princípio da responsabilidade dos governantes e juízes, o que na revolução inglesa do século XVII foi chamado de *accountability*. Diz ele nas *Leis*: "não devemos tornar nossos dirigentes grandes e selvagens, porque desejamos que nossa cidade seja livre e sábia, plena de sentimentos amigáveis" (693 b). A base do Estado justo, no seu entender, é a ética que une sabedoria e integridade como base do *imperium legibus solutum*. A lei é definida por ele como o eixo que sustenta a ordem política correta.

> Um Estado no qual a lei é sujeita e sem autoridade está condenado à destruição; mas quando a lei é soberana sobre os dirigentes e estes são os servos da lei, então vejo o surgimento de todos os bens que os deuses presenteiam ao Estado (715 d).[12]

Platão requer competência dos juízes, um princípio fundamental da justiça. Tal competência, na *República* e obras anteriores às *Leis*, como é o caso do *Político*, é determinada pelo saber técnico. As *Leis* atenuam o rigor da exigência técnica. Na *República*, o processo legislativo era considerado pouco relevante no paradigma da cidade ideal. No *Político*, a técnica do governante tinha mais importância do que o fabrico de leis. A causa deste juízo é a noção de que as leis não podem definir com exatidão o justo e melhor para todos. As leis são imóveis e não respondem a ninguém, nem podem corrigir a si mesmas. Assim, apenas o dirigente dialético, o que sabe os caminhos da ciência segura, chega às situações determinadas no organismo político. Uma legislação salutar deve conter meios corretivos, como é o caso do médico que observa o doente em suas mudanças corporais e anímicas, e não se prende a esta ou aquela receita. Ele as usa com base no seu conhecimento e na perícia do diagnóstico.

Também o político, o técnico que deve gerir a *polis*, tem preeminência em relação à lei.[13] Nas *Leis*, no entanto, se inverte a ordem definida na *República*. Se neste diálogo os governantes estavam acima da legalidade, nas *Leis*, eles recebem o título de servos da lei. Donde fica mais firme o princípio da responsabilização dos dirigentes políticos e magistrados. A base da *accountability* é mais antiga, portanto, do que as doutrinas puritanas que deram nascimento na Inglaterra ao moderno Estado de direito.

A RESPONSABILIZAÇÃO NO MUNDO MODERNO E NO BRASIL

> And to the end all public officers may be certainly accountable and no factions made to maintain corrupt interests, no officer of any salary forces in army or garrison, nor any treasurer or receiver of public monies, shall (while such) be elected a member for any Representative; and if any lawyer shall at any time be chosen, he shall be incapable of practice as a lawyer during the whole time of that trust. And for the same reason, and that all persons may be capable of subjection as well as rule.[14]

"And to the end all public officers may be certainly accountable [...]". Dá para entender, se pensarmos o sentido de semelhante frase, a importância da Revolução Inglesa na gênese da moderna democracia. "*Certainly accountable*" é algo que marca a soberania popular bem mais do que eloquentes e falsos discursos republicanos. Se os nossos "*public officers*" tivessem a obrigação de prestar contas o número dos corruptos seria bem menor no Brasil. Mas os nossos "servidores", na verdade, são mestres. Qualquer funcionário municipal sente-se à vontade para tripudiar do "mero contribuinte". E na escala burocrática a arrogância vai às chefias, daí às diretorias, às vereanças, à prefeituras, assembleias legislativas, Congresso e palácios. Uma escada hierárquica feita para arrancar impostos em proveito dos ocupantes dos cargos que deixam de ser temporários quanto mais elevado o nível dos mesmos, para se transformar em feudos familiares. O avô é deputado, o filho é prefeito, o neto, senador. Os mesmos cargos são comprados, de um modo ou de outro. Vencer uma eleição no Brasil é nada mais, nada menos, do que mercadejar um cargo que deve permanecer para sempre na família. A nota de fim traz duas notícias sobre o tema. Ela é mais do que evidência da oligarquização familiar do Estado brasileiro em todos os seus níveis.[15] Daí a distribuição das "assessorias de confiança familiar" e outras formas teratológicas do país oficial ou clandestino.

É difícil responder se o povo é melhor ou pior do que os representantes. Se é melhor ou pior do que a imprensa que supostamente o informa, é tarefa árdua. Quando falamos de corrupção, precisamos saber o que fazem e querem os vários segmentos da vida pública que jamais são desinteressados no terreno que das leis à sua aplicação efetiva.

O trato entre eleitos e eleitores torna-se estratégico quando se fala em probidade ou responsabilidade. O regime democrático é medido pelos votos. Mais voto, mais poder. Depois, temos o lugar ocupado pelos partidos nas alianças, que garantem verbas e verbo nos parlamentos. Ora, a maioria esmagadora dos partidos caça votos e os aumentam sem preocupação com ética ou moral. Eles prometem empregos, verbas, obras nas cidades, tudo o que pode ser arrancado dos cofres públicos para a prestação de "favores" aos administrados. E isso deve ser levado em conta, na apreciação da falta de responsabilidade. No Brasil, diz a professora Maria Sylvia Carvalho Franco em *Homens livres na ordem escravocrata*,[16] o favor é a mediação universal. Ele integra o mais íntimo da ética na sociedade e no Estado. Para pensar a democracia e antes de analisar modelos políticos, creio ser preciso discutir a base sobre a qual se ergue nosso país desde o nascimento. O Estado, e não realizo um truísmo, depende da sociedade que o envolve. E a ética domina, em primeiro nível, as formas de relação social. Um dos sentidos mais relevantes da ética, a ordem dos costumes, é que ela se caracteriza pela reiteração e automatismo das posturas corporais e no campo dos valores. Um comportamento ético é o que, à diferença da moral, exibe marcas de automatismo em sua prática. Agir de certo modo aprendido, preservando, assim, o corpo e a mente, é próprio da ética.

A ordem social brasileira segue de maneira que poderíamos dizer automática o favor, obstáculo que impede a autonomia dos eleitores e, de outro lado, distorce a vida parlamentar, a efetividade do Executivo nos projetos públicos e, mesmo, a jurisdição. O favor impõe limites quase intransponíveis para os relacionamentos igualitários em todas as facetas da vida pública. No mercado, nos partidos, mesmo em igrejas e seitas religiosas, o favor define espaços perenes de favorecimentos que tornam os programas políticos irrelevantes, quando não diretamente falsos. Assim, em vez de propor para reflexão algum plano macrológico em termos institucionais, penso ser útil uma análise do favor na vida social e política brasileira. O favor não é monopólio do Brasil. Em quase todas as sociedades, antigas ou modernas, ele surge definindo espaços de poder. Mas em países que chegaram à modernidade, ele é regulado e seus efeitos anárquicos se atenuam em função de procedimentos impessoais e abstratos. Em nossa terra, no entanto, ele concentra o imaginário, os valores e as práticas de famílias, grupos, cidades e regiões. Aqui, político poderoso é o que mais garante favores aos amigos, aos aliados e, não raro, aos próprios inimigos. O favor alimenta alianças políticas e conjuras, eleva e rebaixa ministros e chefes de partidos, ordena as pautas legislativas e atormenta os executivos. Ele sustenta redes complexas de nepotismo, apadrinhamentos, interesses, lobbies disfarçados, trocas entre poderes, corrupção de agentes públicos por empresas privadas. Somos uma antirrepública, ou um império, do favor.

Os nossos políticos jogam perenemente com o medo do pior, o fim dos favores, ou uma hecatombe econômica se "os outros" vencerem, ou com a ausência de verbas, obras, empregos. Basta ver a propaganda nas eleições: se os munícipes votarem contra os indicados por Brasília (ou pelo palácio do governador), programas importantes não virão. Caso votem no candidato do príncipe, benesses fluirão em abundância.

Os políticos conhecem os eleitores, não os idealizados, mas os reais. Os princípios éticos não rendem favores, não rendem votos, não rendem obras, não rendem poder. É num terreno assim que devemos pensar a responsabilidade governamental.

A corrupção que gera escândalo possui dois registros temporais, um diacrônico e outro sincrônico. Num sistema necessariamente corrupto, dada a concentração de recursos nas mãos do poder executivo maior, sem o seu favor nada feito para alcaides e governadores. Assim, os policiais, o ministério público, a justiça, a imprensa, tomam conhecimento dos fatos uns após outros. Mas no mesmo átimo em que surge um escândalo, a rede corrupta opera no Estado e na sociedade. A polícia, a Justiça, o Ministério Público quase sempre operam *post festum*. Mas o sistema sincronicamente pratica as mesmas coisas supostamente punidas ao serem descobertas. A nossa prática é a de iluminar um quadro de cada vez, mas os demais ficam na sombra... até que sejam iluminados.

Os escândalos não constituem monopólio dos políticos. Eles não raro têm raízes no mercado, na sociedade civil, nas instituições sociais. Pensemos apenas nos esportes: boa parte deles é gerida segundo técnicas de causar inveja aos apadrinhados de Don Corleone. Mesmo igrejas conhecem o uso privado de seus recursos e não me refiro apenas às seitas eletrônicas. A católica *Conferência dos Religiosos do Brasil* (CRB), nos anos 70 do século passado quase foi à falência por golpes aplicados aos seus cofres por administradores. Os casos são múltiplos. Talvez seja mais grave que um operador do Estado se corrompa, do que um cartola. Mas as pessoas se habituam ao fenômeno nos dois setores. Lembremos a lição dos pensadores políticos segundo a qual um Estado (é mais verdadeiro para o democrático) pode ser assassinado por forças externas violentas, mas também morre por consunção interna. A lição maior vem dos textos platônicos: o Estado, um organismo vivo, pode se desagregar se nele os membros não respeitam a justiça e a moral. No Estado assim doente, o improbo, sobretudo se no comando, é uma peste (νόσος πόλεως). O Estado adoece quando mal gerido ou entregue à discórdia. Ele sofre uma inflamação que aumenta sempre, enfraquecendo mais e mais (*República*, 556 e). O bom governante cuida da saúde do Estado e da sociedade.

Mas como agem os nossos governantes? Certamente não são médicos do corpo político, mas adoecidos como os administrados. No Brasil, podemos dizer que não é possível contar com os governos usando apenas meios legais e honestos. Quem não quer ser vítima das máfias precisa aceitar regras mafiosas não escritas. Tal situação é alheia ao sistema representativo parlamentar? Quem busca o favor do voto, retribui com favores ao próprio eleitor, direta ou indiretamente. O sistema representativo tem advogados como James Madison. Este último sustentava que a delegação aos eleitos, número pequeno, dera vida a "um corpo seleto de cidadãos cuja provada sabedoria tinha podido melhor discernir o interesse efetivo do próprio país, e cujo patriotismo e sede de justiça teria tornado menos provável o sacrifício do bem do país em favor de considerações particularíssima e transitórias". Como fugir das "considerações particularíssimas", os interesses dos eleitores ricos ou pobres na representação? Os senhores conhecem o remédio: impedir mandatos imperativos. Sabemos que tal veto começa na Constituição francesa de 1791: "os representantes nomeados nos departamentos não serão representantes de um departamento particular, mas da nação inteira, e eles não terão nenhum mandato". Afastados os males da representação corporativa, o eleito se livraria de prestar favores a um ou outro setor social. A nossa Câmara dos Deputados respira pelo duto que liga deputados às regiões, com os seus interesses "particularíssimos". Boa parte dos representantes passam no interior do país um grande tempo ou instalam "escritórios informais onde alocam assessores para ouvir os pedidos particulares ou particularíssimos dos eleitores.

Maquiavel, nos *Discorsi*, afirma que

> todos os escritores da vida civil [*vivere civile*] indicaram que ao constituir e legislar para uma república é preciso supor que todos os homens são péssimos [...] e que os homens só fazem o bem quando a necessidade os dirige para ele. Fala-se também que a fome e a pobreza tornam os homens industriosos e as leis os torna bons.

Ele considera a vida civil baseada no governo das leis o mais elevado bem. A correta política se baseia na igualdade diante da lei (*aequum ius*) e acesso igual aos cargos com fundamento na virtude (*aequa libertas*). O governante deve respeitar a lei, o melhor meio para assegurar o poder.

Como analisar a simbiose pouco virtuosa entre eleitos e eleitores? Usemos a metáfora.[17] Como o mercado econômico, o político foge ao controle que se queira impor a ele do alto. Nele impera o *do ut des* entre vendedores e compradores. O eleitor dá ao partido ou à pessoa o bem político capacidade de conseguir efeitos desejados. Ele espera que o poder conferido venha em sua vantagem. Mas, à diferença do mercado econômico, o eleitor não conhece de antemão o efeito de sua escolha porque o maior ou menor poder do partido ou candidato a quem deu seu voto depende do maior ou menor número de votos recebidos de outros eleitores e sobre os quais ele, eleitor, não exerce influência. No sistema majoritário, onde um ganha e outro perde, quem vota pelo perdedor perdeu seu voto, suas esperanças dificilmente serão realizadas. Mesmo num sistema proporcional, em que todo voto é contado, o maior ou menor efeito de meu voto como base de consenso depende dos demais votantes, ou seja, da circunstância das quais nenhum eleitor pode ter um conhecimento pleno.

Mesmo quando seu candidato e partido saem vitoriosos, o eleitor não pode estar certo do retorno, o pagamento ao seu voto. E se você vota no prefeito e o partido dele, em âmbito estadual ou federal, é oposição? Uma roubada fatal ocorrida pelos Brasis afora. Como sabemos, verbas e verbo cabem à base aliada e, mesmo nela, aos partidos que garantem a "governabilidade", ou o *do ut des*, cuja tradução é "dando que se recebe". Entregue, a mercadoria voto tem valor diminuído, como os produtos eletrônicos que, ao sair da loja, perdem no preço diante dos que ficam na prateleira. Assim, o voto na espera do retorno, em vez da metáfora mercadológica, exige para ser entendido a metáfora do jogo, ou melhor, da loteria. A melhor prova que se trata de loteria é a curiosidade que cerca as apurações das urnas, que hoje exige algumas horas. Antes, o afã levava dias ou meses.

Talvez tenha exagerado no símile mercado/eleição. Talvez aquele vínculo seja plenamente verdadeiro apenas para o voto de clientela. No cálculo de probabilidades clientelístico, as coisas são menos obscuras: voto se meu filho ganhar a concessão de tal ou qual serviço, voto se uma pensão for dada para fulano, voto se o eleito trouxer creches para minha cidade, voto se... pouco importa a dimensão do cliente, se é um indivíduo, se um grupo econômico, se uma cidade ou região.

Existe o voto de opinião não vendido nem comprado: os setores sociais e indivíduos ligados aos programas e ideologias dos partidos que no voto sublinha os valores (liberais, socialistas, religiosos) do que os interesses materiais ou culturais. Quem vota contra o aborto e contra o casamento gay procura um alvo não imediatamente preso ao mercado. Mas mesmo tais eleitores, com a repetição do gesto eleitoral, ficam mais e mais próximos dos eleitos, surgindo os seus interesses particulares como superiores aos ideais anteriormente defendidos. Afinal, ninguém vive apenas do idealismo e um cargo, uma assessoria, uma ajuda para a própria ONG, tudo atenua o voto de opinião anterior em prol de uma troca, de um *do ut des*. O voto de opinião, a partir desse ponto, se refugia nos que… não votam, os que protestam, anulam o voto.

Tocqueville se insurge contra o mercado eleitoral em 1848 e lamenta a degeneração dos costumes pela qual opiniões e sentimentos são trocados por alvos particulares (particularíssimos, como diz Madison). Ele invectiva a moral baixa e vulgar segundo a qual o eleitor leva em conta a si mesmo, os filhos, a mulher, os pais.

E temos o problema lógico e real: o poder dos governantes depende do número de votos e estes dependem da maior ou menor capacidade dos políticos para satisfazer as exigências dos eleitores. Há uma dependência recíproca entre os lados da cadeia: para conseguir recursos, o eleito deve manter a fidelidade dos eleitores, deve controlá-los. E quem deveria controlar, o eleitor, passa a ser controlado (voltemos aos "escritórios informais" que os representantes mantêm no curral, desculpem, nas bases eleitorais. A coisa é tão "comum" que já entrou para a semântica política "Quantos votos controla tal deputado, tal vereador, tal líder político?". Tocqueville acredita numa elevação da moralidade pública. Stuart Mill, pragmático, acredita em especialistas do Direito que preparem as leis, para depois elas serem oficializadas pelos representantes e aplicadas pelo governo. Mill divide os cidadãos em passivos e ativos. Os governos autoritários se baseiam no apoio dos primeiros, os democráticos, nos segundos. Face à corrupção, os primeiros dizem: "tenhamos paciência", os segundos gritam "que vergonha!".

As eleições mostram que os eleitores, na maioria, são quase insensíveis à "questão moral". Os partidos que defendem a "ética na política" perdem eleições e começam a praticar o "que todos os demais fazem", e são premiados por tal afastamento do programa ético. Mas se assim pensam e agem é porque conhecem o eleitor. Ora, mesmo Maquiavel, que não era moralista, diz que ninguém convence o povo a eleger "um homem infame e de costumes corrompidos" numa república, ao contrário do que ocorre na monarquia.

A república foi louvada em contraponto à monarquia porque a última, segundo os historiadores, representa um dos regimes mais corrompidos. O nobre, para ser alguém, procura patronos na corte. Estes servem ao rei. Este último, para não ser morto e ser legitimado, compra apoio do clero e da nobreza, vende cargos para os burgueses. Tudo é comprado, tudo vendido. Como diz Hegel na *Fenomenologia do espírito*, na monarquia a honra perde vez para a riqueza, cuja circulação passa pelo rei. Na república, o centro distribuidor se amplia em detrimento do alvo pessoal dos que se ocupam da riqueza coletiva. Na república, escreve o socialista Napoleone Colajanni, dos primeiros a lutar contra a Máfia num livrinho denominado *A corrupção política*, temos o governo que acabaria com os escândalos da monarquia. Nela "a grande vitalidade e força moral, latente, no povo, não encontram obstáculos insuperáveis, eliminam os males com processos naturais e pacíficos, renovam o Estado". O mesmo Napoleone, no entanto, critica os conselheiros municipais que,

> para se eleger em tempo certo, não deixam sem tentar nenhum meio, não excluídos os desonestos, e correm, voam, pregam e colocam em movimento todas as relações diretas e indiretas, possíveis e imagináveis [...] ali onde existe uma igreja ou teatro, culto religioso ou espetáculo público; onde existe a festa de um santo ou carnaval, aqui um subsídio, uma pensão, uma gratificação, um cargo útil, criado expressamente para favorecer uma pessoa; alí a estrada de interesse privado, uma obra qualquer, uma instituição para agradar um grupo de conselheiros ou eleitores. Assim são feitas e desfeitas nos conselhos municipais as maiorias e as minorias, dirigidas por fins particulares; o critério único que deveria ser soberano, o do bem geral e indistinto, se perde.[18]

Isto foi escrito em 1888. Se colocássemos os nomes de cidades brasileiras, no século XXI, a realidade não seria diversa.

No elo entre eleito corrupto e eleitor idem existe um horror e um fascínio, reprovação e aprovação. Um analista francês publicou na revista *Poderes* artigo onde afirma que "um episódio de corrupção, mesmo com provas, aumenta a venda do *Canard Enchaîné*, pode assegurar o sucesso de um livro, mas não faz a república tremer". S. Belligni, em artigo denominado "Corruzione e scienza politica, una riflessione agli inizi"[19], abre o ponto para a pergunta: por que a corrupção? Algumas pistas: a corrupção política se deve em grande parte ao financiamento dos partidos.[20] Em outras situações, perfeitamente tipificadas na lei de improbidade administrativa vinte anos após sua promulgação, temos em alguns agentes investidos de poder público ou político o direito de exercer o poder de decidir em nome e por conta da coletividade nacional.

Modo geral, existem dois jeitos de ver a corrupção. O primeiro, quando o sujeito político age para adquirir ou conservar o poder. O segundo, uma vez o poder conquistado, ele o tem nas mãos, bem firme, usando-o para adquirir vantagens privadas. Os dois jeitos são conectados no mercado democrático: o poder se conquista com votos, um dos modos de conseguir votos e não ter despesas é servir-se do poder para ganhar vantagens mesmo pecuniárias. O poder custa muito, mas rende. Se custa, deve render. Jogo arriscado, às vezes ele custa mais do que rende se o candidato perde as eleições. Mesmo assim, ele rende mais do que custa. No primeiro jeito, o político age como corruptor, no segundo, como corrupto. No primeiro momento ele aparece como comprador de votos e no segundo como vendedor de vantagens (dos recursos públicos que, graças aos votos, ele é o dispensador). Para operar de modo corrupto, o político precisa do segredo. Eis um ponto essencial.

Governantes e cidadãos devem responder à lei e apenas à lei. Mas o que é a lei? Oportuna advertência platônica: ela pode ser vista como inflexível pessoa autoritária que não permite a ninguém fazer algo que ela não mandou. (*Político*, 294 b, c). Mas sem ela o corpo político se desfaz, sendo ela, inclusive, digna de respeito filial (*Críton*, 50 d). A lei, no entanto, não é obedecida naturalmente pelos homens. É preciso, diz Platão, que eles sejam educados para seguir normas. É preciso tingir os indivíduos, desde a mais tenra infância, com a boa tintura das leis, para que elas estejam dentro deles, não em livros ou monumentos que podem ser elididos ou burlados. (*República*, 429 d, 430 a). Naquele terreno, deve ser cultivada a semente da lei. Não estamos na escola platônica, pois a corrupção dos costumes e do Estado chegou a um ponto tal que surgem, de vez em quando e cada vez mais frequentemente, apelos ao líder que não depende de leis para impor a justiça. Tal apelo não se encontra apenas nos eleitores comuns, mas ressurge em doutrinas autoritárias, acarinhadas inclusive por antigos militantes progressistas que pregam o poder de decisão do presidente em prejuízo das intermináveis discussões e da corrupção endêmica dos Parlamentos. Esses são os caminhos rápidos para a suposta *salus populi*, sempre acarinhados pelas almas de extração totalitária.

A democracia é um processo. Nele, não existem garantias de vitórias sem amarguras. Cada costume melhorado incentiva a luta em prol do bem público. Como processo, a democracia edita leis que surgem para trazer saúde ao corpo político. Hoje, os nossos deputados e senadores, para não falar de outros funcionários do Estado, agem como lobistas. Suspeito que a obstrução aos vários projetos que normatizam o *lobby* vem do fato de serem os representantes em primeiro plano lobbistas, depois representantes do povo. Quando se ouve falar em bancadas no Congresso, o que temos são lobistas que atuam em prol de interesses particularíssimos. Outra providência, se quisermos instaurar o princípio da responsabilidade em nosso país, é a extinção da prerrogativa de foro, lei em favor dos improbos. Apenas quando as leis puderem prever de modo sincrônico os atos cometidos contra o erário e a fé pública, poderemos respirar dos escândalos que surgem diacronicamente, causando apenas maior corrosão no elo entre sociedade e Estado.

Enquanto não existir responsabilização efetiva das "autoridades" o Brasil será um anacrônico e virulento Estado absolutista, no qual o soberano jamais é o povo e sim o ocupante do trono e seus lacaios. O rei absolutista francês retirava das cidades livres o direito de eleger seus prefeitos e demais autoridades. E depois o vendia aos mesmos municípios, o mesmo direito de eleger prefeitos, mas a partir de então submetidos ao fisco real, às vexações dos fiscais da corte etc. Quem deseja mais informações, leia o triste *Antigo Regime e a Revolução*, de Tocqueville.

No Brasil, todos os cargos eletivos são comprados de um modo ou de outro. E os cargos abaixo dos ministérios econômicos são passaportes para a delinquência e fonte de humilhação dos munícipes, os que pagam as contas dos "governos". E não se diga que a frase "todos os cargos são comprados" é errônea: basta analisar as planilhas de gastos dos candidatos, "fiscalizadas" pela justiça eleitoral, para constatar a verdade, clara como o sol: o rito das urnas é apenas a folha de parreira, posta entre o eleitor e o eleito. A vergonha nem é mais escondida.

No exercício público o gestor não pode ter contra si nenhuma acusação ou dúvida. É o que manda a fórmula restritiva "ilibada reputação" (*Illibatus*, no latim bem conhecido pelos legisladores, significa "íntegro", "completo", "sem mancha"). Quando um alto servidor do Estado sofre acusações que chegam à sociedade pela imprensa, ele deixa – mesmo que inocente – de ser "ilibado", condição a que retorna se o julgamento legítimo da Justiça assim o decidir. Para que a fé pública não se manche, todo funcionário, sobretudo os superiores, devem ser ilibados. Ninguém paga impostos, serve na guerra ou aceita obedecer às leis sob autoridades ("autoridade" vem da autorização dos subordinados aos governantes) que deixam de ser absolutamente ilibadas. A prudência e as razões da governabilidade exigem, pois, que o funcionário (sobretudo o de *status* superior) se afaste ou seja afastado enquanto sua reputação deixa de ser límpida. Não se trata de problema pessoal (em que a amizade tem justificativa), mas de manter a confiança e a obediência dos cidadãos (empresários, trabalhadores etc.) segundo a lei.

Os responsáveis maiores pelo Estado devem afastar o servidor enquanto sobre o último restarem suspeitas. Este é o princípio gerado na Inglaterra democrática do século XVII e depois assumido pelos insurgentes da América do Norte e da França, da *accountability*. Para manter um cargo é preciso que o funcionário, mesmo quando chefe do governo, seja *accountable*. Essa doutrina foi compendiada por John Milton e acolhida por todas as democracias dignas deste nome. Só para recordar: "[…] Se o rei ou magistrado provam ser infiéis aos seus compromissos, o povo é liberto de sua palavra". O enunciado de Milton em *The Tenure of Kings and Magistrates* continua assim (Milton cita Aristóteles): "unnaccountable is the worst sort of Tyranny; and least of all to be endur'd by free born men". Não ter um governante a confiança dos dirigidos mostra que ele tem a marca da pior tirania.

O exercício do poder segundo a regra da *accountability* encontra na imprensa o instrumento da cidadania para detectar descompromisso de funcionários com a fé pública. É evidente que a imprensa não pode ser instância julgadora. Mas é também evidente que os julgamentos podem deixar de existir se atos que atentam contra o Estado e a sociedade não forem trazidos por ela ao público. Quando um funcionário é acusado publicamente, via imprensa, de negligência ou crime, para manter a fé pública, o correto é afastá-lo até que prova cabal ou juízo dissolvam as acusações. Um funcionário (do mais baixo ao mais elevado cargo) não é pessoa comum. Ele representa um coletivo político e jurídico, o Estado, que precisa se manter íntegro. Caso contrário, desaparece a base legitimadora do governo, pelo menos a que se regula pela democracia e pelo direito. E a economia se transforma em navio fantasma, sem rumo.

Tratando-se de ordem institucional, cedo ou tarde a economia recebe os impactos das urgências políticas. Nenhuma sociedade "amadurece" ao ponto de separar o político e o econômico. Se fraturas ocorrem num ou noutro desses aspectos que integram a mesma vida social, oscila o sistema no seu todo, evidenciam-se descontinuidades etc. País instável politicamente e onde as regras jurídicas, fiscais etc. deixam de ostentar ampla legitimidade, dificilmente será próspero em longo termo. Se a crise política torna-se aguda, os capitais especulativos temem e buscam outros países (a famosa "volatilidade") e os capitais dirigidos à integração mais profunda na economia não se apresentam, porque seus controladores percebem que os investimentos correrão riscos devidos à insegurança das regras e sobre quem asseguraria a aplicação das mesmas regras.

Países avançados em termos econômicos e políticos, como os EUA e os que integram a oscilante União Europeia, mostram que os fatos de uma ordem repercutem na outra e vice-versa. As sucessivas administrações norte-americanas vivem o desafio perene de harmonizar o desenvolvimento econômico – sobretudo no relativo aos resultantes emprego ou desemprego – e as agendas políticas. Elementos econômicos ajudam a entravar agendas políticas. O resultado negativo do referendo francês e holandês, para a aprovação da Carta Europeia, mostra a interdependência dos segmentos políticos e econômicos. No Brasil não é diferente e, na verdade, é pior: dado que a corrupção manifesta um desequilíbrio na estrutura federativa e nas relações permanentes entre os poderes, a política econômica será refém das crises políticas que, muito rápido, seguem a via do colapso da autoridade pública.

No Brasil, o poder público está sempre em crise, o que evidencia o Frankenstein jurídico e institucional do Estado brasileiro. A federação dos Estados é fictícia e os municípios não possuem autonomia efetiva, sobretudo no relativo ao retorno dos impostos. Desde o século XIX (a superconcentração do poder nacional foi herdada e mantida pela República, a partir do Império) os municípios brasileiros vivem longe do poder central e muito perto da bancarrota. Como não recebem a sua parte dos impostos em tempo certo e com justiça, os prefeitos e as câmaras de vereadores dependem, para obter recursos, da intermediação dos deputados federais e dos senadores. Essa prática que se tornou habitual também "educou" os eleitorados regionais e municipais, que enxergam com bons olhos apenas os parlamentares que trazem recursos e obras para as cidades. O custo desse "resgate" das verbas (especialmente no caso do Orçamento) surge no famoso "é dando que se recebe" com as alianças entre as oligarquias (os parlamentares unem-se a setores da sociedade civil e dos mercados regionais para conseguir mais força) e os governos. Se não forem modificadas essas práticas, pode-se fazer tudo, mas uma das causas maiores da corrupção estará operando. Somos pobres em estadistas, ricos em vivandeiras políticas.

Tais males vêm de longa data. O Brasil nasceu como Estado, sobretudo após a vinda da família real, na estrita obediência dos princípios exatamente opostos aos enunciados acima. D. João veio para cá com o fito expresso de impedir nos trópicos as "desgraças" ocorridas na Europa com as revoluções modernas: a inglesa no século XVII, a norte-americana e a francesa. O nosso estado é explicitamente contrário às conquistas democráticas, especialmente no que diz respeito aos direitos sociais e individuais e à "*accountability*" das autoridades. Um excelente número da *Revista Pesquisa Fapesp*[21] traz a apreciação do historiador Evaldo Cabral de Mello sobre a vinda da família real. Ele resume em poucas palavras o que vem sendo um cuidado meu desde 1978. Refiro-me ao caráter contrarrevolucionário do estado brasileiro desde João VI. No século XVIII, tal política era a norma da metrópole, veja-se a repressão que vigorava contra as ideias dos pensadores modernos como Francis Bacon, John Locke, Voltaire, Diderot, Rousseau e outros (o livro de Eduardo Frieiro, *O diabo na biblioteca do Cônego* é uma boa fonte)[22] e contra toda indústria, imprensa livre etc. Não por acaso nos projetos dos insurgentes de Minas Gerais prioridade foi dada à instalação de fábricas e universidades. No governo de João VI e demais monarcas do Brasil, "qualquer discussão sobre reformas políticas era sempre curto-circuitada nas rodas palacianas pela objeção de que a Revolução Francesa também começara por elas".[23] A contribuição das doutrinas contrarrevolucionárias em todos os matizes gera a certeza, entre os que operam o estado brasileiro, sobre a desejável falta de "*accountability*" governamental, legislativa, judiciária. A violência de semelhante demissão foi expressa de mil modos, desde as formas de ditadura positivista, ao liberalismo atenuado por ideários supostamente científicos, como no caso de Spencer e outros. Getúlio Vargas sintetiza em poucas palavras a realidade do poder político nacional, cujo padrão é a tese (tanto entre conservadores quanto nos progressistas do século XIX) da necessária ditadura, contra a "anarquia" da vida moderna. Cito nosso estadista: "O estado não conhece direitos de indivíduos contra a coletividade. Os indivíduos não têm direitos, têm deveres! Os direitos pertencem à coletividade!".[24] Tal dogma nutriu as duas ditaduras que ensanguentaram o Brasil no século XX. Não por acaso, a Igreja serviu, sobretudo durante o período militar, para impor limites ao despotismo e como barreira que protegia os direitos.

Hoje, apesar de sinais que anunciam melhorias na ordem política, como é o caso da lei de improbidade administrativa, a lei da Ficha Limpa, a lei de acesso à informação e outras, a fé pública é frágil entre nós. Combater a descrença da cidadania exige apurações isentas e responsáveis, sem truques ou propaganda enganosa. E a fé pública se fundamenta na ética. Não existe, em termos políticos, "patrimônio ético" que não seja dilapidado ou que não seja passível de se perder. O pretérito de uma instituição jamais garante a sua lisura no presente e no futuro. A cada novo dia é preciso mostrar, por atos e palavras, que existe um compromisso efetivo com a ética. Sem tais atitudes públicas e particulares, a governabilidade é alvo impossível, pelo menos nos parâmetros do direito e não sob os ditames da pura força ou da propaganda que viola mentes e ânimos.

Já em Althusius, um dos primeiros federalistas modernos e pensador jurídico protestante,

> as cidades, as comunidades urbanas e as províncias são membros de um reino [...] o vínculo desse corpo ou associação é o consenso, juntamente com a confiança, estendida entre os membros da comunidade e por eles aceita. O vínculo é, em outras palavras, a promessa, tácita ou expressa, de comunicar bens, serviços mútuos, auxílio, aconselhamento e as mesmas leis comuns na medida requerida pela necessidade e utilidade da vida social universal de um reino [...].[25]

Platão, corretamente, diz que tal confiança é o fundamento da sociedade humana, enquanto a falta de confiança é sua praga. Tal fé é o laço de concórdia que une os diferentes membros de uma comunidade. A Declaração dos Direitos do Homem retoma a tese e a eleva ao universal. A democracia moderna, em todas as suas formas, guarda tais princípios. Estado desprovido de fé pública e de *accountability* não garante direitos de grupos ou de indivíduos. Não pode ser, portanto, um regime de liberdade responsável.

A governabilidade tem como pressuposto a obediência, pela cidadania, das leis elaboradas no Parlamento e destinadas à execução pelo governo. Se os contribuintes não podem confiar na abrangência universal das referidas leis, se paira no ar a suspeita de que os ordenamentos legais respondem a interesses não confessáveis, some a governabilidade. No caso, existe a acusação, bem fundamentada, de que o partido principal do governo paga parlamentares para aprovar leis, o que é uma fraude contra o voto do eleitor e possível acobertamento de interesses menores sob a forma legal. O sistema inteiro perde legitimidade, a essencial *accountability* trazida pelas revoluções democráticas da modernidade. Bismarck dizia que duas coisas o cidadão ignora porque, caso contrário, jamais aceitaria: o modo pelo qual são produzidas as salsichas e as leis. Ele usa a figura médica antiga que une o poder político ao "regime". As leis alimentam o corpo político e devem ser controladas pela higiene pública. Esta última, em nosso caso, encontra-se na ética e no decoro parlamentar. Bismarck foi um realista contrário à democracia. A seguir o seu exemplo, no entanto as nossas salsichas e as nossas leis não passariam nunca pelo controle das secretarias de abastecimento. Elas estão com o prazo vencido, apodreceram.

RESPONSABILIZAÇÃO CÓSMICA, O NOSSO PLANETA.

A responsabilidade não deve ocorrer apenas nos limites internos dos Estados. Hoje ela é cósmica. O nosso planeta, pequeno grão de areia que desavisados confundem com "a" natureza (chegando ao ponto, levemente ridículo, de se falar em "salvação da natureza"). Pensemos na energia nuclear. Na pauta dos embates ideológicos e guerreiros de hoje e de ontem, ela surge como ameaça, sempre na figura do "outro", nunca na dos próprios países que possuem a sua tecnologia. Retomemos o caso do Japão, com a enorme desgraça de Fukushima. As notícias do Japão desafiam o pensamento ético. Elas também geram asserções sensatas ou desvairadas, como em todos os traumas coletivos, antigos ou contemporâneos. No pretérito, as pessoas perguntavam se a culpa pelas desgraças seria dos deuses. Hoje, elas interrogam a ciência, a técnica, os alvos humanos. A busca delirante de culpados mostra que tais problemas ainda são discutidos sob o signo das paixões e do medo.

Para desculpar os deuses, foi criado o tribunal da Teodiceia. Os homens são indesculpáveis? Hans Jonas, filósofo nascido na Alemanha, mas com reconhecimento acadêmico pleno nos EUA, refletiu sobre o futuro a partir da tragédia vivida em Hiroshima e Nagasaki. Longe de terem sido fatalidade guerreira, aqueles eventos revelam, diz o pensador, uma senda de horror pelo uso irresponsável das técnicas. Após a energia nuclear, afirma ele, a natureza passou a ser radicalmente alterada pelos homens. O que antes era apenas um nexo externo entre a nossa espécie e a natureza (tsunamis, terremotos etc.), agora tem acréscimo da técnica e pode resultar em desastre. Daí a proposta do "princípio de responsabilidade" para uma nova ética. O título de seu livro, *Das Prinzip Verantwortung: Versuch einer Ethik für die technologische Zivilization*,[26] merece análise. Quando falamos em "responder", de imediato vêm à tona as raízes jurídicas do pensamento. "Responder" no direito romano significa "garantir em troca, assegurar". *Verantwortung* é responsabilidade diante de alguém que possui direitos. O vocábulo se aproxima da tese inglesa e democrática sobre a *accountability*. Como vimos, segundo os puritanos ingleses, os *Levellers*, todas as autoridades do Estado, antes só responsáveis diante do Ser Supremo, têm o dever de prestar contas à cidadania.[27]

Voltemos a H. Jonas. Antes das recentes inovações tecnológicas, o sujeito humano não podia alterar o mundo. Autores revolucionários, a exemplo de Karl Marx, deixaram de interpretar o universo, exigindo a sua plena alteração.[28] A profecia de Marx, imoderado admirador da técnica, foi realizada na era atômica. Com ela surge enorme aporia, jamais proposta às mentes humanas. Não se trata apenas do sentido de nossa existência, mas da própria existência. É possível, com o simples manejo de botão, arrancar a vida do planeta e, mesmo, aniquilar a Terra.

Não só no campo bélico se instalou o desejo ilimitado de impor outras formas ao mundo, chegando à sua destruição. Também na medicina e na genética existe o desejo de alterar a estrutura do próprio ente humano. No controle dos comportamentos, na medicação, no exercício da engenharia e da medicina, surgem fatos inquietantes que atraem os pesquisadores responsáveis. Cito apenas, escolhendo entre muitos, Jonathan Moreno. Especialista em bioética, consultor do Congresso e do governo nos EUA, que tem alertado coletividades e indivíduos para os caminhos da pesquisa quando ela tenta modificar corpos e almas visando à "melhoria" do padrão humano.[29] Como antes de Moreno asseverou Hans Jonas, estamos realizando tais projetos mas nada garante que eles estão à nossa altura, ou que temos o direito de os efetivar.

Não podemos manter atitude despreocupada com o resultado de nossas façanhas técnicas. Temos o dever de preservar a vida humana e a do planeta contra experimentos e aparelhos que não garantem o nosso patrimônio biológico ou espiritual. Jonas não segue Rousseau e menos ainda os ecologistas místicos. Nele não ocorrem frases ridículas sobre a "mãe natureza" ou sentenças tolas como "os terremotos e tsunamis têm origem no abuso humano". Seu diagnóstico é cheio de matizes e admite que a técnica possui valor inquestionável. O perigo reside no seu uso sem a necessária prudência. Aliás, ele não deixa de seguir o princípio esperança elaborado por Ernst Bloch, outro crítico das administrações burocráticas, marxistas ou capitalistas.

Responsáveis diante de quem? Tal é a pergunta de Jonas. Não perante a natureza, pois ela não é portadora de direitos. Somos eticamente responsáveis pela nossa vida no uso dos recursos naturais. Não sendo possível interromper o movimento científico e técnico, importa lutar contra a tirania tecnocrática. É preciso que administradores e políticos respondam diante dos governados e de toda a humanidade. Urge que eles sigam o mandamento que manda agir "de tal modo que os efeitos de tua ação sejam compatíveis com a permanência de uma vida autenticamente humana na Terra, durante o maior tempo possível". Jonas não tem fé ingênua em governantes que se regem, sobretudo, pelos alvos do poder, mas interpela a responsabilidade de todas as pessoas. O imperativo categórico é universal.

"A tecnologia, ao contrário da ciência, justifica a si mesma apenas pelos seus efeitos, não por si mesma e, assim, dados certos efeitos, avanços posteriores podem se tornar indesejáveis", diz Jonas. Diante de situações dolorosas como a do Japão, o princípio da responsabilidade define tarefas para os que, sem cair no misticismo ecológico, desejam ser sucedidos por seres humanos nesta partícula do universo a que demos o nome de Terra, "no maior tempo possível". Sem responsabilidade, morre toda esperança. Tanto no planeta quanto nos Estados nacionais, se quisermos que exista paz e prosperidade geral, devemos seguir o dito do maior pensador ético da modernidade, Spinoza:

> Um Estado cuja salvação depende da lealdade de algumas pessoas e cujos assuntos, para serem bem dirigidos, exigem que os seus administradores desejem agir lealmente, não será minimamente estável. Para que ele possa subsistir, será preciso ordenar as coisas de tal modo que os administradores do Estado sejam eles dirigidos pela razão ou pelas paixões, não possam ser conduzidos a agir de maneira desleal ou contrária ao interesse coletivo. E pouco importa à segurança do Estado qual seja o motivo interior que têm os homens para bem administrar os assuntos, desde que administrem bem. A liberdade de alma, com efeito, ou seja, a coragem, é uma virtude privada, a virtude necessária ao Estado é a segurança.[30]

NOTAS

1 "At Politici contra hominibus magis insidiari quam consulere credentur, et potius callidi quam sapientes aestimantur. Docuit nimirum eosdem experientia, vitia fore donec homines". *Tratactus politicus*, em J. Van Vloten e J. P. N. Land, *Opera quotquot reperta sunt,* Hagae, Martinum Nijhoff, MDCCCLXXXII, v. 2, p. 281.

2 "A Sicilia não deve ser escrava de senhores ou déspotas [...] mas ser escrava de leis", *Carta Sétima*, 334 c-d. Cf. *Plato*, ed. Loeb, Cambridge, Harvard University Press, 1975, v. IX, pp. 508-9.

3 "Plato and the Rule of Law", em Gregory Vlastos (ed.), *Plato, a Collection of Critical Essays, Ethics, Politics, and Philosophy of Art and Religion*, Notre Dame, University of Notre Dame Press, 1978, t. II, pp. 144 e ss. O ensaio de Morrow é de 1946. Ele será assumido como fonte analítica nas páginas seguintes, sempre que o pensamento jurídico de Platão for examinado.

4 *Leis*, 691 c. O trecho examina a desmesura no exercício do poder e o papel dos legisladores, requerido para impor limites aos que exercem o governo. Uso a tradução de Leon Robin: *Les Lois*, em *Oeuvres complètes de Platon*, Bibliothèque de la Pléiade, Paris, Gallimard, 1953, p. 728.

5 "Paradigma" surge no campo da língua grega unido a *deiknumi*, cujo sentido é "mostrar", "indicar". Quando acrescido da partícula "para", significa "mostrar, fornecer um modelo". A raíz *deik* refere-se ao ato de mostrar mediante a palavra, mostrar o que deve ser seguido. Daí na noção de paradigma ser estratégica a união com a *diké*, a lei, a regra. Cf. P. Chantraine, *Dictionnaire étymologique de la langue grecque,* Paris, Klincksieck, 1983, p. 257.

6 Cf. Martin, H. *Le Timée de Platon,* Paris, Vrin, 1981, pp. 82-3.

7 Ou *mob* na tradução inglesa, gentalha indisciplinada.

[8] Sigo em todas as páginas anteriores e seguintes, as análises de Glen R. Morrow, sem modificações notáveis. O estudo daquele autor foi publicado em 1946.

[9] "Um Estado não seria sem dúvida um Estado, se a constituição dos tribunais não existisse nele em boa e devida forma. De um lado, nada podemos fazer com um juiz mudo, o qual, como numa arbitragem, nada acrescenta em palavras, durante a instrução inicial do assunto, ao que dizem as parte litigantes: ele não seria nunca um juiz apto a decidir o que é direito. Eis porque é difícil esperar bons julgamentos de um tribunal numeroso ou composto de um pequeno número de péssimos juízes". Trad. Robin, op. cit., p. 833,

[10] *A History of Greece, From the Time of Solon to 403* BC, Elibron Classics, Adamant Media Corporation, 2001, apud Morrow, op. cit., p. 149.

[11] O comentário de Morrow é eloquente, e o transmito na língua inglesa para guardar a sua dramaticidade: "I confess to a secret fondness for Plato's proposal, because it strikes at a defect in the administration of justice to which our Anglo-Saxon lawyers seem to be congenitaly blind, viz. the abuse of judicial power. For the rule of law, as it worked out in our legal institutions, means the rule of judges, and this kind of rule, like any other, can become tyranny unless properly safeguarded." Op. cit., p. 157.

[12] "*... en hêi de an despotês tôn archontôn, hoi de archontes douloi tou nomou, sôtêrian kai panta hosa theoi polesin edosan agatha gignomena kathorô*".

[13] Para toda esta passagem, ver Giuseppe Cambiano, *Platone e le tecniche*, Torino, Einaudi, 1971, pp. 247 e ss.

[14] Extraído do texto "An agreement of the free people of England" [John Lilburne, William Walwyn, Thomas Prince and Richard Overton, 1 May 1649].

[15] Canal Terra, "Filhos e netos de políticos famosos tentam a sorte nas urnas", 15 de setembro de 2012. Candidatos com "pedigree" apostam em sobrenome dos ancestrais para garantir votos em 2012. Filhos, netos, sobrinhos: eles têm sobrenomes conhecidos, são parentes de políticos que marcaram a história do Brasil, e tentam agora uma chance de fazer parte dessa história também. Candidatos com o "pedigree" de famílias famosas da ditadura e da democracia brasileira são candidatos a prefeito e vereador, e pretendem angariar votos com a lealdade dos eleitores de seus ancestrais. Em Salvador, o neto do ex-governador baiano Antonio Carlos Magalhães, ACM Neto (DEM), tenta chegar à prefeitura. No Rio de Janeiro, Rodrigo Maia (DEM) e Otavio Leite (PSDB), filhos do ex-prefeito Cesar Maia e do ex-senador Julio Leite, respectivamente, também disputam o Executivo. Em Manaus, a corrida pelo Paço tem Artur Neto (PSDB), filho do senador Arthur Virgílio, enquanto em Aracaju a presença é de Valadares Filho (PSB), filho do ex-governador sergipano Antonio Carlos Valadares. Na disputa para câmaras municipais aparecem Leonel Brizola Neto (PDT), neto do ex-governador gaúcho e fluminense, concorrendo pelo Rio de Janeiro; Christopher Goulart (PDT), neto do ex-presidente João Goulart (PDT), e Pablo Mendes Ribeiro (PDMB), filho do atual Ministro de Agricultura, Pecuária e Abastecimento, em Porto Alegre. Em São Paulo, Lívia Fidelix (PRTB), filha do cofundador do PRTB Levy Fidelix, e Mario Covas Neto (PSDB), filho do ex-governador paulista, também tentam uma cadeira no Legislativo municipal. "Eu tinha dois anos quando meu pai foi candidato a primeira vez, vivi a vida inteira no mundo da política, acho que é um processo natural (entrar na vida pública)", afirma Covas Neto. [...] O cientista político e professor de Ética da Unicamp Roberto Romano discorda dessa "vocação familiar para a política", e entende a continuidade de sobrenomes no ramo como "um dos defeitos mais graves da cultura política brasileira". Para ele, passar um nome adiante, por aqui, é uma espécie de herança, representada pelos eleitores, que "passam a ter dono, não são mais soberanos". [...] Covas pondera, por outro lado, que esses votos "herdados" também significam "grande responsabilidade". "As pessoas invariavelmente me dizem: 'se você for *x* por cento do que ele (Mario Covas) foi, já está bom'", ilustra. "Em um País onde político é sinônimo de ladrão e safado, você tem um pai com uma imagem tão bonita como ele tem, é um grande orgulho e uma grande responsabilidade", reforça. Goulart usa a mesma expressão e diz que, pela imagem de Jango, não tentaria se candidatar se "não estivesse preparado". Na maior parte dos casos levantados pelo Terra, filhos e netos permanecem na mesma legenda que seus antepassados. [...] Segundo Maestri, os partidos hoje divergem em "nuances e aparência", com ideologias e objetivos que se confundem, e transformam-se em "instrumentos de realização de projetos pessoais que interpretam interesses sociais dominantes". Para o cientista histórico, a filiação partidária tem mais a ver com marketing do que com ideologia. "Logicamente um neto, ou bisnetos, de Brizola vão se aproximar da área do trabalhismo, é coerente, pois é onde pode retomar o

que resta da memória de um Leonel Brizola. Se fosse neto do (Garrastazu) Médici procurando se apropriar da memória, logicamente iria para um partido em um espectro conservador", exemplifica. "Se não, ele perderia alguma parte do diferencial que ele tem no nome", continua. Para Romano, a escolha partidária, além da apropriação da memória, está ligada também à estrutura atual dos partidos. Ele acredita que são os dirigentes das legendas que agem como "oligarcas" e "donos" das siglas. "Se houvesse uma proibição de permanência na presidência do partido por mais de quatro anos esse tipo de excrecência não poderia acontecer, os possíveis candidatos teriam que se submeter às eleições primárias", argumenta. Segundo o cientista político, os membros das "famílias políticas" têm mais facilidade para encontrar apoio a suas candidaturas. "Os donos de partidos impedem a entrada de candidatos que não estejam no controle deles, e esses candidatos têm que jurar certa fidelidade se não tem tempo de TV, nem mesmo a indicação pra candidato. O que acontece é um afastamento da política do cidadão que não tem nome famoso", opina. Pablo seria um exemplo dessa "facilidade" de candidatura. O candidato admite que sua ideia de tentar uma vaga na câmara porto-alegrense teve "boa aceitação" no partido, quando sugerida, porque ele tem "nome forte", graças ao pai. "Essa história de filho herdar o eleitorado do pai mostra que não existe de fato liberdade dos eleitores, que eles estão sendo garroteados por determinadas famílias", critica Romano, citando famílias como os Sarney no Maranhão, os ACM na Bahia e os Bornhausen em Santa Catarina. Em última instância, argumenta o cientista político, passar o poder de pai para filho, ainda que por meio de eleição, "é um processo de transformar a coisa pública em coisa privada". "Quando se fala em nepotismo no Brasil, se pensa na mulher trabalhar no gabinete no marido. Mas (a candidatura de políticos da mesma família) é uma das formas mais perversas de nepotismo, porque a coisa pública acaba dominada por determinadas famílias", completa. Romano alerta que "quando famílias passam a controlar a vida pública por gerações sucessivas, vê-se que está havendo uma particularização do Estado", o que em última instância distancia a noção de democracia. "Pouco a pouco você não está tendo uma república, mas uma oligarquia, uma espécie nobreza, assim como o duque herdava o ducado, (o filho de político) vai herdar Estados", aponta. Carreira na política. Maestri questiona outro aspecto da noção de "família de políticos", o de que "a política passa a ser uma profissão, um modo de ganhar a vida". Assim, continua, exercer um cargo público deixa de ser uma forma de participar da política e passar a ser "uma forma de enriquecer, por meios honestos, 'para-honestos' e desonestos". Ele atribui essa expectativa, em parte, aos "salários e recursos dos políticos no Brasil, verdadeiramente assombrosos e absolutamente desligados da realidade do País, do que ganha a imensa maioria da população". Romano alerta, no entanto, que a participação de descendentes de famosos na política não é um problema atual, e nem restrito a conservadores ou liberais. Para ele, a tendência só está "um pouco mais conhecida" por causa da imprensa e da internet, além das ações do Ministério Público. "Mas sempre foi assim, esse domínio das famílias brasileiras é uma das formas pelas quais nós não conseguimos, até hoje, chegar a uma democracia madura", conclui". E também na *Folha de S.Paulo*: "Herdeiros de clãs políticos querem chefiar 14 capitais. Filhos e netos de políticos são candidatos a prefeito no Rio e em Curitiba. Professor da UFRJ diz que ampliação do espectro partidário dificulta perpetuação de famílias no poder. PAULO GAMA/LUCAS NEVES DE SÃO PAULO: Ao menos 19 filhos ou netos de políticos são candidatos a prefeito de 14 das 26 capitais brasileiras. Em cinco dessas cidades, os eleitores têm dois herdeiros entre os quais escolher: em Curitiba, Gustavo Fruet (PDT) – Filho do ex-prefeito Maurício Fruet concorre com Ratinho Junior (PSC), filho do apresentador Carlos Massa, ex-vereador e ex-deputado federal (1991-1995). Já em Manaus, o ex-senador Arthur Virgílio (PSDB), cujo pai foi deputado e senador, tem entre seus adversários Jerônimo Maranhão (PMN), filho de um dos fundadores de seu partido. O duelo de descendentes se repete em outros locais, como Recife, em Natal e no Rio. Na capital fluminense, Otávio Leite (PSDB), neto do ex-senador Júlio Leite, é adversário da chapa "puro-sangue familiar" formada por Rodrigo Maia (DEM), filho do ex-prefeito César Maia, e a vice Clarissa Garotinho (PR), herdeira do casal Anthony e Rosinha, que já têm no currículo o governo do Estado e a Prefeitura de Campos (RJ). [...] Dez dos "candidatos herdeiros" concorrem a prefeituras de capitais nordestinas. Em Salvador, Antônio Carlos Magalhães Neto, da terceira geração do carlismo, é o líder do mais recente levantamento feito pelo Ibope. Além dos filhos e dos netos, a lista de candidatos em capitais guarda outros parentescos. Teresa Jucá (PMDB), mulher do senador Romero Jucá (PMDB-RO), concorre à Prefeitura de Boa Vista, capital de Roraima. José Benito Priante (PMDB) disputa a de Belém com o apoio do primo, o conhecido senador Jader Barbalho (PMDB-

PA). CLÃS NA CÂMARA Na relação dos concorrentes à vereança, tampouco faltam laços de família ilustres. Em São Paulo, pelo menos oito parentes de políticos tentam uma vaga no Legislativo municipal no dia 7. [...] O professor de ciência política da UFRJ Charles Pessanha afirma ser natural que filhos sigam a profissão dos pais, "até porque têm vantagens comparativas". A "passagem de bastão" ganha contornos perversos, diz ele, quando famílias usam seu capital político para se perpetuar no poder, algo comum aqui por causa da oligarquização que caracteriza a sociedade brasileira. "Com a modernização da prática política, o aumento da competição entre partidos e o incremento da cultura cívica, a prática tende a diminuir, mas não a desaparecer", afirma ele. Pessanha cita os norte-americanos Kennedy e Bush para lembrar que o expediente não é uma exclusividade brasileira. Colaboraram BRUNA BORGES e NATÁLIA PEIXOTO, de São Paulo." *Folha de S.Paulo*, 23/09/2012. (As notícias completas estão disponíveis nos sites <http://noticias.terra.com.br/brasil/politica/eleicoes/filhos-e-netos-de-politicos-famosos-tentam-a-sorte-na-urnas,718edf0a2566b310VgnCLD200000bbcceb0aRCRD.html> e <http://www1.folha.uol.com.br/fsp/poder/67858-herdeiros-de-clas-politicos-querem-chefiar-14-capitais.shtml>, acessos em: 16 out. 2013.)

16 Maria Sylvia Carvalho Franco, *Homens livres na ordem escravocrata*, 5. ed., São Paulo, Ed. Unesp, 1999.

17 Os trechos imediatamente anteriores e os que seguem constituem uma citação longa, paráfrase quase literal de Norberto Bobbio na magnífica e amaríssima coletânea intitulada *L'Utopia Capovolta* (Torino, La Stampa, 1990). Achei de bom alvitre retomar sua palavra porque, ao descrever os costumes corrompidos da Itália, era como se ele dissesse para nós, brasileiros: "Qui rides? Mutato nomine, de te fabula narratur". (Horácio, *Sátiras*, Livro I, pp. 69-70).

18 Giuseppe Gagemi, *Arbitrio ammistrativo e corruzione politica: La linea municipalista italiana di ispirazione anglosassone,* Gangemi Editore, pp. 145 e ss.

19 *Teoria Politica*, 1987, n. 1, pp. 61-88.

20 Cf. Enrico Melchionda, *Il finanziamento della politica,* Roma, Reuniti, 1997.

21 Número 143, janeiro de 2008.

22 Eduardo Friero, *O diabo na biblioteca do cônego*, Belo Horizonte, Livraria Cultura Brasileira, 1945.

23 Trato semelhante assunto em várias publicações recentes. Entre outras cito "A Independência dos Juízes", em *Anais do 2º Congresso Estadual dos Magistrados de Pernambuco.* A independência do magistrado e o jurisdicionado. Cadernos da Associação dos Magistrados do Estado de Pernambuco, v. 2, n. 14, out. 2007, pp. 31-95.

24 Discurso de 1/05/1938, apud L. W. Viana, *Liberalismo e sindicato no Brasil*, Rio de Janeiro, Paz e Terra, 1976, p. 213.

25 Johannes Althusius, *Política*, trad. Joubert de Oliveira Brízida, Rio de Janeiro, Topbooks, 2003, p. 175.

26 *O Princípio de Responsabilidade, à procura de uma ética para a civilização tecnológica.* Existem várias traduções, a mais acessível é a norte-americana: *The Imperative of Responsability, In search of an Ethics for the Technological Age*, New York, Univ. of Chicago Press, 1985.

27 Da imensa literatura, cito apenas a coletânea de Olivier Lutaud: *Les deux révolutions d'Angleterre, documents politiques, sociaux, religieux*, Paris, Aubier, 1978. A documentação dos Levellers e Diggers (setor mais radical da revolução inglesa) encontra-se de maneira ampla na Internet, por exemplo no site *Levellers and Diggers Documents On-Line,* disponível em: <http://msuweb.montclair.edu/~furrg/gbi/levellersonline.html>. Acesso em: jun. 2013.

28 "Die Philosophen haben die Welt nur verschieden interpretiert, es kommt aber darauf an, sie zu verändern". "Os filósofos apenas interpretaram o mundo de diversas maneiras, mas trata-se de transformá-lo."

29 Cf. Jonathan M. Moreno, *Mind Wars, Brain Research and National Defense,* e também *Undue Risk, Secret Experiments on Humans.* Sobre os mesmos temas, cf. Hans Jonas, "Philosophical Reflections on Experimenting with Human Subjects", em *Daedalus*, v. 98, 1969, pp. 219-47.

30 "Imperium igitur, cuius salus ab alicuius fide pendet et cuius negotia non possunt recte curari, nisi ii, qui eadem tractant, fide velint agere, minime stabile erit ; sed, ut permanere possit, res eius publicae ita ordinandae sunt, ut qui easdem administrant, sive ratione ducantur sive affectu, induci nequeant, ut male fidi sint seu prave agant. Nec ad imperii securitatem refert, quo animo homines inducantur ad res recte administrandum, modo res recte administrentur. Animi enim libertas seu fortitudo privata virtus est; at imperii virtus securitas". (*Tratado Político*, 1, 6).

OS AUTORES

José Renato Nalini (org.)
Doutor em Direito pela Universidade de São Paulo. Desembargador do Tribunal de Justiça do Estado de São Paulo. Corregedor Geral da Justiça no biênio 2012/2013. Docente universitário.

Ethevaldo Siqueira
Jornalista e escritor. Foi professor da Universidade de São Paulo. É colunista do jornal *O Estado de S. Paulo* e da rádio CBN.

José Nêumanne Pinto
Articulista do jornal *O Estado de S. Paulo* e comentarista do Sistema Brasileiro de Televisão (SBT) e da rádio Jovem Pan.

Luiz Paulo Rouanet
Doutor em Filosofia pela USP. Professor adjunto da Universidade Federal de São João del-Rei. Autor de *Paz, justiça e tolerância no mundo contemporâneo*, entre outros trabalhos. É também tradutor.

Luiz Werneck Vianna
Doutor em Sociologia pela Universidade de São Paulo. Professor-pesquisador da PUC-Rio. Coordenador do Centro de Estudos Direito e Sociedade (Cedes).

Oswaldo Giacoia Junior
Livre-docente pela Unicamp e doutor em Filosofia pela Freie Universität Berlin (Alemanha). Professor titular da Unicamp. Autor, entre outros, de *Nieztsche & Para Além do Bem e do Mal.*

Regis de Morais
Livre-docente e doutor em Filosofia da Educação pela Unicamp. Filósofo e sociólogo. Professor titular aposentado da Unicamp. Autor, entre outros, de *O que é violência urbana.*

Renato Janine Ribeiro
Livre-docente e doutor em Filosofia pela USP. Professor titular de Ética e Filosofia Política da USP. Bolsista de Produtividade em Pesquisa do CNPq.

Ricardo Dip
Mestre em Direito pela Faculdade Autônoma de Direito (Fadisp). Desembargador do TJSP. Membro da Real de Jurisprudencia y Legislación (Espanha) e do Instituto de Estudios Filosóficos Santo Tomás de Aquino (Argentina).

Roberto Romano
Livre-docente pela Unicamp. Doutor em Filosofia pela École des Hautes Études en Sciences Sociales (França). Professor titular da Unicamp. Autor, entre outros, de *O Caldeirão de Medeia.*

Sandro Vaia
Jornalista e escritor. Foi repórter, redator e editor do *Jornal da Tarde*, diretor de informação da Agência Estado e diretor de redação de *O Estado de S. Paulo*. É autor de *A ilha roubada.*

Sergio Paulo Rouanet
Doutor em Ciência Política pela USP. Imortal da Academia Brasileira de Letras. Diplomata aposentado. Ex-secretário de Cultura da Presidência da República. Professor convidado em diversas universidades. Autor, entre outros, de *As razões do Iluminismo*.

Willis Guerra Filho
Livre-docente pela Universidade Federal do Ceará. Doutor em Direito pela Universidade de Bielefeld (Alemanha). Professor universitário.

GRÁFICA PAYM
Tel. (11) 4392-3344
paym@terra.com.br